베란다

베란다

초판1쇄 발행 2024년 12월 3일

지은이 박미정
펴낸이 이길안
펴낸곳 세종출판사

주소 부산광역시 중구 흑교로 71번길 12 (보수동2가)
전화 463－5898, 253－2213~5
팩스 248－4880
전자우편 sjpl5898@daum.net
출판등록 제02-01-96

ISBN 979-11-5979-730-9 03810

정가 15,000원

본 도서는 Korean Artists Welfare Foundation 한국예술인복지재단에서 2024년
창작준비금지원사업-창작디딤돌 지원을 받아 발간하였습니다.

베란다

박미정 수필집

세종출판사

책을 내면서

수필집 『해무를 벗기다』를 출간한 후
가뿐했다. 홀가분해서

그러다가
어영부영 보낸 시간이
언뜻 아깝다는 생각이 들었다
더 늦기 전에 쓰자고
나를 이끌었다

가을이다
겨울이 닥치기 전에
베란다의 따뜻한
바람을 챙기고 싶다

2024년 시월 초헌제에서

차례

2부

3부

4부

5부

평론

1부

언어의 직공

'시인은 언어의 직공'이라는 말이 있다.

직공이란 사전적 의미로 공장에서 일하는 사람이다. 그렇다면 언어의 직공인 나는 언어가 경영하는 공장에서 일하는 셈이다.

시인은 언어에 대해 어떻게 일을 해야 하는가.

수업 중에 이것을 주제로 토론한 적이 있다. 모두 어렵다는 표정을 짓고 서로 말을 미루는 경색이 되었다. 침묵이 흐르면서 언어의 기계가 딱 멈췄다.

나부터 침묵을 깨야 했다.

나는 1994년에 입사하여 30주년을 코앞에 남겨 두고 있다. 이 정도 기간이면 회사에서 반짝반짝 빛나는, 그러면서 무게가 제법 나가는 행운의 열쇠 정도는 쥐야 하지 않겠는가.

사실, 나에게 언어의 공장에서 얼마나 성실하게 일을 했는가를 묻는다면 이미 쫓겨났어야 하는 직공이다. 그럼에도 떠나지 못하는 것은 단 한 편의 대표작을 짓지 못했기 때문이다. 너무 이기적인 생각일까. 아니다. 공장도 내 결실도 충실치 못해 늘어놓는 내 궤변일 수밖에 없다.

"언어야. 네 탓이다. 자유 시간을 무제한으로 주는 네 탓이다." 그렇게 하면 마음이 편할 것 같지만 그렇지 않다. 그래도 염치가 있지. 어쩌다가 튼실한 과실이라도 따면 내 보따리 챙기느라 바빴고, 그건 아니라고 하면서도 결실을 기다리는 자유 시간 속에 느림이 아닌 게으름으로 시간을 보냈다.

스스로 놀란다. 언어의 직공으로 충실하지 못했던 시간들을 일일이 변명하는 기억들을 말하면서, 나에 대해서 관대하다는 것에. 그동안 나는 나를 너무 이해하였던 것이다. 그럼에도 나를 훤히 알고 있는 내 안의 언어, 내 발을 저리게 만든 언어의 통솔에 나름 경의를 표한다.

그럴 수밖에 없다. 왈가불가 왈가왈부하는 일이 생기면 되도록 피한다. 언어에 대해서 나에게 자유 시간을 너무 주었다는 등 그렇게 하면 무엇이 달라지는가. 경의를 표하는 것은 시간이 갈수록 언어가 제공하는 자유 시간이 보이기 때문이다. 그동안 언어를 대하는 태도가 늘 엉성하여 쓰다가 말다가 했다. 그러다가 언어의 빛깔을 잃기도 하고 잊기도 하면서 보낸 시간들이 헛돌고 있는 것이다.

그런 나는 직공이라는 작업복을 왜 벗지 못하는가. 언어와 헤어질 염려가 없다는 안심 모드는 또 뭐란 말인가. 직공에게 미학의 광장을 열어놓고 맡겨야 하는 언어의 난감함이 백지를 들고 앉으면 전해져 오는 것이 그나마 다행이다.

직공은 언어 자체의 빛깔을 찾으려고 안간힘을 써야 한다. 합리론이든 신고전주의든 간에 언어 그 자체의 빛깔을 찾는다는 것에 어떤 사실적 조건이 없는 한, 계속 열린 장場에서 그 빛깔을 찾으려는 직공이 되어야 한다.

나의 언어는 내가 배열하기 전까지 긴 침묵을 기다리고 있다. 주객이 전도된 느낌이다. 소리와 외침으로만 팔짱을 끼고 짜깁기하고 있으니 갑갑하겠지만, 삼십여 년을 참아 왔으니 기다려 볼 참이라 여겨진다.

나는 속으로 불이 끓는다. 컴퓨터를 켜고 마우스를 움직이며 부엉이 눈처럼 똥그랗게 뜨고 있는 폴더마다 건드려 본다. 언어가 가리키는 방향을 잡지 못해 비워둔 침묵이 수두룩하다. 구태의연한 직공의 손끝은 느리기도 하여 덜어내는 것도 한참이다. 언어의 자리를 찾느라 어수선한 시간을 보내고. 그렇다고 작업자의 태도가 달라지지 않는 삼십 년, 나의 불만이다. 하지만 분명한 것은 품질의 향상이 있다는 사실이다. 그래서 언어는 직공을 두고 보는 것이다. 뭔가 대박을 터지게 할 기술이라도 있기를 바라면서 시간을 기다리고 있는 것이다.

오늘의 자유 시간에 라디오 에프엠 채널에서 뉴스 채널로, 다시 에프엠으로 돌린다. 바이올린의 현을 통해서 선율이 흘러나온다. 이성을 제한하거나 감성을 제한하지 않고 그대로 받아들인다.

튤립의 줄무늬 수를 세지 않는 시인으로 사는 신고전주의면 어떤가. 언어를 떠나 살 수 없는 직공으로 살고자 하였으니 제대로 일하는 직공이 되어야 함이 마땅하다고 맹세한다.

애정이

동생 집에 가면 인사하듯이 베란다에 먼저 가본다. 큼직한 화분에 앉은 꽃나무들의 안부가 궁금하기도 하고, 이것저것 이야깃거리를 제공하고 있기 때문이다. 늘 그랬듯이 오늘도 중심소재는 자연스럽게 꽃이 되었다.

"어머나, 군자란이 너무 풍성하네."

"언니, 그러잖아도 친구한테 분양해 줬는데 또 새끼를 쳤어요. 우리 집에 군자란이 잘되나 봐요."

나도 빈 화분 두 개가 있음을 은근히 밝히니 선뜻 며칠 후에 건네겠단다. 화분에서 끙끙 앓던 남천을 처분해야 했을 땐, 절대로 꽃나무를 심지 않기로 마음먹었다. 그런데 너무 당연하게 분양을 약속 받다니. 탐하는 마음의 뿌리가 이렇게 깊은 것에 민망하면서도 군자란의 입주가 기다려졌다.

며칠 후 동생의 살림솜씨 못지않게 군자란을 야물고 안전하게 싸서 왔다. 베란다에다 신문지를 펴고 군자란을 꺼냈다. 동생은 포기 나누는 것도 실력이라는 생각이 들만큼 야무진 손끝을 보였다. 흙을 목까지 물고 있는 화분에서 흙을 덜어 냈다. 그 화분 위에 꽃나무 담긴 화분을 얹어 두었기에 흙은 적당히 촉촉하여 손질하기가 쉽다고 한다.

드디어 흰색 화분과 청록 잎사귀의 환상적 어울림으로 탄생한 군자란. 오래도록 그 자리에 있었던 것처럼 낯설지 않고 표정이 안정됐다.

베란다는 나란히 세 명 정도 앉을 수 있는 나무의자가 있다. 그 위에 군자란을 올려놓고 사진을 찍고 난 뒤, 나도 그 옆에 자연스럽게 앉았다. 앞산 산마루도 군자란 빛깔이 투영되어 싱그럽다.

나는 몇 해 전 나무의자를 들여놓고 이름 하나를 지었다. 애정이라고 불렀다. 앉으면 자유롭고 한가한 마음을 들게 하니 애칭 정도는 붙여야 주인 값을 하는 것 같았다. 그러나 살림살이라는 게 쓰임이 언제나 일사불란하지 않다. 급한 대로 이것저것 올려놓고 버섯이나 양파 등을 말리는 데 쓰이면서 애정이의 소임이 달라지기도 한다.

애정이는 시간이 갈수록 고향집 툇마루를 떠올리게 한다. 어머니는 툇마루에 잘 마른 빨래를 걷어놓고 다른 집안일을 하기도 하셨다. 신문 볼 때는 안락한 의자로 쓰셨고, 고추나 무말랭이 등을 널어놓을 때는 작은 가을마당이 되기도 했다. 나는 반질반질한 마루보다 적당히 울퉁불퉁한 툇마루가 좋아서 돌을 다섯 개 가지고 노는 공기놀이를 혼자 하곤 했다.

나의 애정이도 어머니의 툇마루처럼 그런저런 일을 해내기에 편하다. 오늘은 오랜만에 앉아서 숨을 한껏 내쉬고 앞산 산마루와 마주한다. 속이 후련하다. 바빴던 일상이 안개처럼 사라져 홀가분하고 햇살도 달달하다. 게슴츠레 한 눈을 비비게 하는 달콤한 바람이 스친다. 그 바람은 어찌나 부드러운지 꽃잎만 다니는 뒤끝에도 슬슬 향기가 난다.

얼른 라디오를 들고 나왔다. 나의 호사를 아는지 드뷔시의 피아노 독주곡 〈기쁨의 섬, L. 106〉이 흐른다. 산마루를 보면서 바다를 따라가는 유쾌함.

인간은 한없이 예민해지는 자신을 스스로 감당할 수 없을 때가 있다. 까짓 그것을 가지고 그러냐고 타자는 말할 수 있겠지만 현실 인식이란 것이 감정이 침윤하면 담담하게 받아들이던 원래의 기능까지 훼손되기도 한다. 가끔 그럴 때 무너지는 자존감이랄까, 자아랄까.

쾌쾌 묵은 그런 것들이 한꺼번에 불식되는 고요한 마음이 필요할 때가 참 많았는데….

쉼표와 느낌표를 은근히 전해 주는 애정이가 편하다. 오늘따라 유난히 어머니가 생각난다. 늘 단정하셨던 어머니는 위트와 유모까지 있어서 때로는 어머니의 그것들을 탐내기도 했다.

만약 오늘 나와 같이 툇마루에 앉았다면 무슨 말로 나를 따듯하게 위로하실까. 밖으로 보이는 하늘이 푸르고 창창하다. "인생은 그리 길지 않으니 후회 없이 살라"고 하셨던 당신의 목소리가 그리운 날이다.

어느 봄날의 적

코로나19가 2020년의 봄을 완전 정복했다. 대상이 나를 정복하는 것은 그 위력이 어쨌든 금방 수용하기 어렵다. 정복을 못 이겨 꾸준히 진화해 온 인간의 자존감이며 심리다. 하지만 코로나19는 전 세계 누구나 경험하지 못한 전염병이다. 그래서 지금 새로운 것의 난리법석에 전 세계 인류가 괴로운 것이다. 그 괴로움을 참지 못하고 세계 곳곳에서 일탈의 행동을 하고, 그 일탈은 다른 사람에게 영향을 미치고, 반복된 일탈은 나라마다 확진자를 늘려 간다.

'세계 속의 우리, 세계 속의 나'라는 말이 실감난다. 국경을 넘나드는 코로나19는 국경을 구분하지 않고 사람 또한 구분하지 않았다. 하지만 우리의 방역과 우리의 의료진에 의해 그것의 무단횡단을 처방하고 있을 때, 미국을 비롯한 유럽의 나라들이 난리법석이었다. 그렇지만 우리들은 아무도 '그 봐라' 하고 비아냥거리지 않았다. 먼저 겪고 있는 격리의 진가를 보여 줄 뿐이었다. 참 아이러니하게도 고통이었다고 과거로 말하지 않는 것은 지금 세계 곳곳에 끝나지 않은 코로나와의 전쟁이 있기 때문이다. 그러나 우리의 극복하는 힘이 세계적 모델이 되고 있는 것에 의료인은 아니지만 자부심을 같이 느낀다.

이 시대에 필요한 협업이라고 할 수 있다. 정부는 방역을 하고 의료진은 최선에 봉사까지 마다하지 않으니 그에 따라 일반인들도 서로 원원한다. 모두 내가 원인이 되지 말아야 한다는 협업자의 마음이 된 것이다. 지금 다 같이 하고 있는 이 협업을 성공리에 마칠 수 있는 한뜻 한 몸이 된 것이다. 그렇다면 이러한 협업이 나 혼자만의 생각일까? 아니다. 앞집 초등학교 2학년과 유치원에 다니는 귀염둥이까지 마스크를 쓰고 잠잠하다. 평소와 다른 침묵이 안타깝지만 나도 마스크를 쓰고 침묵을 함께 한다.

침묵이 무겁다. 가끔은 즐겁던 침묵이었는데, 지금의 침묵은 너도나도 힘겹다. 나도 너한테 위로가 되지 못하고 너도

나한테 위로가 되지 못하는 틈을 타서 급습해 오는 우울과 부딪친다. 그 또한 혼자 극복해야 한다. 나에 대한 깊은 애정을 갖지 않으면 안 된다.

그래서 선택한 것이 나를 칭찬하는 것이다. 자고 나면 얼굴을 쓰다듬으면서 착하다 하고 아침에 변기에 앉으면 착하다 해주기로 했다. 돌이켜 보면 나는 나에게 칭찬하는 것을 아예 잊고 살았다. 그런데 지금 코로나19를 겪고 있으면서 스스로 자가 격리하는 나는 얼마나 내 스스로 대단한 협업을 하고 있는지. 내가 잘하고 있어서 이웃이 있고 당신도 잘하고 있어 내가 있다면 우리 서로는 얼마나 위대한가. 내가 잘 대처하고 있어서 멀리 있는 자녀들의 걱정을 덜고 있다면, 나는 기쁘지 않을 수 없다.

나에게 점수를 주고 나니 스스로 하는 일들이 많아졌다. 그동안 글 쓰는 일 또한 침묵 속에 침몰했었다. 나는 코로나19에 휘둘려 글 쓰는 일을 즐겼음을 까맣게 잊고 있었다. 몇 달간 이 난국이라고 하면서, 이 난세라고 하면서 야금야금 커 가고 있던, 우울을 몰랐다. 우울은 사회복지학을 공부할 때 실습의 일환으로 우울 환자를 방문한 적이 있었다. 그날 그 여성분의 모습에서 감당하지 못하는 슬픔을 보았다. 그녀는 너무 말이 없었고 어두웠다. 그리고 그 어두움은 나를 두렵게 하였으며, 마주치지 않으려는 그녀의 시선에서 나는 밀려나 돌아 나올 수밖에 없었다. 그 이후로 나는 자의 반 타의 반 전공을 바꾸게 되었다.

그때, 그녀에게 발견한 우울에 대한 무섬증이 있다. 되도록이면 우울하지 않으려고 스스로 은연중에 애쓴다. 그것을 탈피하는 것의 탈출구가 글쓰기였다. 나에게는. 지금 이 시기에 내가 할 일은 자가 격리를 잘해서 타인에게나 사회에 내가 원인이 되어 일을 내게 하면 안 되는 것이며, 스스로의 격리로 인해 우울해하지 않는 것이다. 그리고 철저히 사회에서 정한 규칙을 준수하는 일이며, 침묵을 오래도록 하지 않는 것이다. 사색이 아닌 침묵이 길면 길수록 우울의 처방이 요구될 것 같아서 글쓰기를 통해 탈출하기로 한다.

그래서 두 번째 수필집을 준비하기로 했다. 나에게 하던 작은 칭찬을 아끼지 않으면서 내가 해야 할 일을 미루지 않는 것이다. 아이러니하게도 고통의 코로나19 속에서 나에게 칭찬을 수확한 것이다. 깨달음이라고까지 할 것은 아니지만.

사람은 죽을 때까지 배운다는 말이 있다. 세월이 갈수록 고개가 끄덕거려지는 수긍이 많아졌다. 세탁기 물 조절하는 것조차 몰랐다가 알았던 것이 몇 해 되지 않고, 화장품 바르는 순서를 제대로 익힌 것 또한 십여 년밖에 되지 않으니 어른들이 말하는 선머슴으로 살았던 격이다. 그러다 코로나19로 칩거하면서 다시 나를 챙기는 일로 돌아섰다. 오늘의 봄이 어둡다 할지라도 내일의 봄을 위해 스스로 열정을 가라앉히면 안 된다. 가라앉히는 것은 의욕 상실이며 죽음이다. 죽어서 죽는 것이 아니므로, 나를 있게 하는 것이 최선이다. 나는 그것을 위해 열정을 피워 나의 꽃으로 완성해야 한다.

위기가 기회라는 말이 있다. 코로나19로 다 같이 각자의 챙김이 사회에 이바지한다는 것을 명심해야 한다. 코로나19는 시간을 다툰다. 다행이 시간은 우리를 기다리고 있다. 그 기다림은 나를 위해 우리를 위해 써 보면 시간은 아름다운 시간으로 우리와 함께할 것이다. 코로나 이전의 우리들의 시간, 우리들의 사회 시간으로 귀환할 것이다. 그 시간을 기다리다 보면 봄날의 적, 우울과 함께 코로나19는 사라질 것이 분명하다. 한 편의 수필 「어느 봄날의 적」을 마감한다. 코로나19 이전의 우리들의 사회는 귀환할 것이다.

선택

베란다에 에어컨 실외기를 설치했다. 냉각기를 통해 뜨거운 물이 나오는 것을 애당초 알았으면 그렇게 하지 않았을 것이다. 몇 해 동안 바닥에 뜨거운 물이 흐르는 것을 보고도 당연하다 생각했으니 몰랐던 것이 죄다.

어느 여름부터 타일이 들뜨기 시작하면서, 기계치의 고집이 일을 쳤다는 것을 알았으나 이미 때는 늦었다. A/S 기간이 지났으므로 문제를 삼을 수 없단다. 베란다 바닥은 그야말로 엉망이다. 뜨거운 물이 지나간 하얀 이음새는 짙은 고동색으로 변했고, 타일 예닐곱 개는 바닥에서 등을 뗐으니, 발을 디디면 움직인다. 그뿐만이 아니다. 금방 깨어질 듯이 예민한 소리까지 질러대니 미룰 수 없다. 원인을 제공한 실외기를 바깥에다 빼기로 했다.

"왜 여기다 설치했어요?"

부자지간이라고 소개한 전문가의 의문을 귀 밖으로 흘렸다. 기계치가 고집을 부린 무지의 소산이니 입을 다문다.

"그런데 처음부터 호스를 연결해 줬으면 그래도 괜찮았을 텐데요."

변명이라고 한 것이 기껏 남 탓이다. 조용한 기류가 불편해서 커피 한 잔씩을 권했다. 일머리도 모르면서, 어처구니없는 내 뜻으로 사달이 난 일에 가만있을 일이다. 부지런한 부자父子 덕분으로 베란다의 공간이 확보됐다. 에어컨을 틀면 바깥 창문을 꼭 닫는 것과 반대로 활짝 열어야 했던 지난 여름날이 어처구니가 없는 일이었는데 나는 의문조차 하지 않았다. 늦은 자각이지만 다행이다. 자칫 무지의 소치로서 엄마의 자격이나 주부의 자격에 빨간불이 켜질 뻔했다.

타일은 뜨거운 물을 머금은 탓에 속이 뒤집혔다. 발을 디디면 촉새보다 빠르게 우거적우거적 뼈대 금 가는 소리를 쏟았다. 고양이 발로 살금살금 밟거나 아예 건너뛰며 청소하기도 했다. 수리를 하든지 걷어내든지 해야 하면서도 동거가 길었다.

나는 우리 집 베란다를 관리하는 집사다. 꽃을 가꾸고 타일을 닦는 일을 도맡았다.

“내가 조심해서 디디면 되지 뭐.”

‘뿌드득 뿌드득’

“아이쿠, 그래, 그래 알겠다.”

얼마나 괘씸하면 이빨 갈아대는 소리를 낼까.

분통 터져하는 타일이 딱해서 실외기가 있던 자리에 삼단 앵글을 갖다 놓았다. 작은 화분은 아래 단과 둘째 단에다 놓고, 맨 위의 단에는 꽃대를 올리는 화분을 놨다. 한 달에 한두 번 정도 물을 주는 것으로.

삶은 수시로 선택이라는 과제를 준다. 선택한 일이 다 옳으면 참으로 다행이겠지만 그렇지 않을 때 후회가 많다. 그럼 틀렸다고 생각될 때 빨리 고쳐야 하는데 시간을 뭉개고 버틴 것이 원인이 되어 마음의 병을 앓는다. 문제는 문제를 만든 만큼 대가를 지불해야 하는 것인가.

그동안 깨어지는 소리를 내는 타일의 원인을 찾으려고 하지 않고 타일에다 물을 붓고 빗자루로 쓱쓱 밀지 못하는 갑갑함이 나의 마음을 소란스럽게 했다. 일일이 타일을 닦거나 그렇지 않으면 포기하거나 했으면 될 테지만…. 그러다가 내 나름의 슬로건을 하나 찾았다.

‘주말에는 하나든 둘이든 타일 제대로 닦기’

의식자동화는 마음을 벌써 읽고, 닦기가 귀찮아서 아예 피해 다녔다. 빨래 널 때도 화분에 물을 줄 때도 스스로 내건 슬로건을 잊고 살기로 한 것처럼 아예 약삭빠른 의식에 스스로 밀렸다.

모처럼 편안하게 베란다로 나갔다. 어디 보자 누구냐? 빛바랜 타일을 딛고 선 스투키가 미색꽃대를 올려놓고 빤히 시선을 빨아들였다. 사막의 향기가 이토록 관능적일 수가. 손바람을 내어 옷깃에다 향기를 적셔 유럽의 귀족이듯 잠시 몽환에 빠졌다.

이렇듯 어여쁜 꽃들을 키우는 화분들을 만약 타일 벗겨내는 작업을 하면 어디에다 다 둘 것인가. 꽃을 쟁여 이고 밖으로 나간 화분이 들어오지 못하는 경우가 생기면 어쩌지 등 선택은 한참 변명으로 미루어졌다. 다행히 실외기를 밖으로 빼면서 타일 깨어진 원인을 찾았으니 타일 바꾸는 일은 좀 천천히 해도 되겠다. 선택이니깐.

모처럼 베란다의 일을 맡은 집사라는 헤게모니를 던져버렸다고 생각했는데, 자연스럽게 타일을 닦고 있다. 타일을 갈아엎고 새것으로 단장해야지…. 혼자, 혼잣말로 타일을 닦는다.

커튼

장롱 속에서 커튼을 꺼냈다. 새것 그대로 그 속에 있다가 15년 만에 자태를 드러낸 것이다. 귀티가 아름답다.

막내며느리가 마련해 준 것인데 그 당시 이중 커튼을 치기에는 거실이 벅찼다.

“어머니, 커튼이 마음에 안 드세요?”

라고 물은 적 없고, 나도 가타부타 말은 안 했으나 속으론 7년 정도 살다가 이사하면 그때 써야겠다는 생각이 있었다. 그런데 세월이 너무 빠르게 흘러갔다.

“막내야, 커튼이 너무 예쁘네?”

사진을 찍어 카톡으로 보냈더니,

"어머니 이제 거셨네요?"

내심 서운했을 법도 한데, 호호 웃기만 한다. 정情 묻은 대화다.

나는 그릇을 사면 곧 쓰는 것도 있지만 1년 정도 찬장에서 묵혔다가 쓸 때가 더러 있다. 마음에 들어서 사기는 샀지만 얼른 쓰기는 낯이 설고, 그래서 묵히는 것이다. 옷 또한 마찬가지다. 장롱 속에 두고 해를 넘기기를 종종 한다. 새것의 산뜻한 맛을 장롱 속에서 보내는 격인데, 산뜻함보다 시간의 때가 나를 편하게 하기 때문이다.

나는 원래 가구를 닦거나 그릇을 닦거나 하는 잔잔한 살림살기를 좋아했다. 집에서 하루 종일 놀라고 하면 그런 장난을 치고 놀아도 심심하지 않을 만큼 일거리가 집 안에 수두룩해서 좋았다. 작은 살림이든 큰살림이든 주부 소일거리가 집 안팎에 널렸다. 장롱을 뒤적거려 일거리를 만들고, 그것도 부족하면 마당에 나가서 꽃가지를 치는 등 그런 일들이 참 재미있었다. 아마도 어릴 적에 동무들과 소꿉놀이를 많이 한 경험이 아닐까.

그렇지만 우리 삶이 소꿉놀이와 같지 않다는 건, 삼척동자도 다 안다. 어느 날부터 시작된 용왕제가 해를 거듭할수록 커져서 한 해에 예사로 다섯 번에서 열 번을 치르게 되니 집

안은 사람들로 북적거렸다. 남의 손으로 빛나는 그릇이며 가구 속에 살면서 나만의 재미를 갖게 되었다.

집에서 용왕제 준비를 하는 것은 쉽지 않다. 한 척에 백 명분 정도인데 싸 나가는 것 역시 백 명분이 더 돼야 했다. 그 일을 반복하다 보니 큰살림을 예사로 살게 됐다. 일 구덕이었으나 그 또한 재미였다. 눈 하나 꿈쩍 않고 해내고 나면 어른들은 장사壯士라고 혀를 내둘렀다. 그럴 때에도 그 바쁜 시간만 지나면 집 안에서 살림살기놀이를 했다. 작은 가구를 재배치해서 분위기를 바꾸고, 살림때를 닦았다.

세월의 우여곡절을 겪고도 살아남은 건 그런 사소한 재미를 즐긴 것에 있다. 큰살림이 작아져도 소소한 살림살이 재미, 그것을 놓치지 않은 것이 나를 지킨 것이다.

오늘처럼 새로운 커튼을 거실에 설치하는 일, 나에겐 행복의 시작이다.

어느 시인의 시에 하느님도 시기하신다는 구절이 있다. 나는 그 구절을 믿지 않는다. 하지만 나의 삶을 비트는 것은 누가 하는 것일까. 가끔 의문이 든다.

커튼의 주름이 헝클어질까 봐 베란다로 나갈 때 몸을 살짝 비틀고 나갔다. 어제 그대로의 무엇을 찾으려고 창밖을 봤다. 어제 그대로인 것이 아무것도 없음에도 불구하고 그 영화와 부귀를 잊지 못하는 나를 보란 듯, 어제는 화사했던 꽃이 시들고 있다. 꽃잎 몇 장을 따 주면서 꽃으로부터 강렬한 메시지를 받는다. 죽비가 따로 없다.

얼른 그 자리를 피해서 책상 앞에 앉았다.

커튼을 주제로 삼고 15년 만의 보랏빛 외출을 쓰기로 한다. 컴퓨터 창을 열었다. 해거름을 앞둔 햇살이 비스듬히 거만스럽다. 환기가 필요하다. 얼른 내추리스 라벤더 향을 커튼 주위에 뿌려놓고 워드소리를 재촉한다.

시작은 그랬다. "장롱 속에서 커튼을 꺼냈다. 새것 그대로 장롱 속에 있다가 15년 만에 자태를 드러낸 것이다." 그리고 계속 이어 갔다.

오늘 창밖엔 가을이다. 하늘은 높고 앞산의 선명한 이마가 아름답다. 새삼 생각난 커튼을 삼층장자개농 깊숙이에서 꺼냈다. 보자기에 싸여 있던 보랏빛 꽃무늬가 살아났다. 눈부신 보석이다. 15년 동안의 해묵음을 아무 저항 없이 아름다움을 발하는 커튼이 사랑스럽다.

나는 살아내느라 생긴 주름을 없애려고 안간힘을 쓰는데 커튼의 주름은 깊숙이 파일수록 주름이 꼿꼿하다 커튼의 주름은 아름답고 나는 나의 주름을 펴고 싶고. 하지만 일상생활이 밋밋해질 즘 커튼을 통해 찾은 행복, 소소하지만 살림살이 놀이를 즐긴 부메랑인가 싶어 뿌듯하다.

약속

가을을 만났다. 바깥은 섭씨 삼십 도를 오르내리는 판인데 꽁꽁 언 가을, 단단하기까지 하여 그것을 싼 하얀 종이를 푸는 데는 시간이 걸렸다. 그렇다. 어떤 만남인데 그렇게 슬슬 풀려서야 되겠는가. 창작 공간에서 이런 풍경을 만나게 될 줄이야.

그녀는 플라스틱 접시에 내어 놓는 것을 몹시 미안해했다. 나는 접시에 시선을 뺏기고 말고 할 마음의 여유도 없이 어렴풋이 보이는 그 빛깔 속으로 촉이 박혔다.

황금빛이다. 그것을 알아채는 순간 놀람을 추스르지 못한다. 추수가 끝난 들녘이 한가로울 때 결실의 상징으로 익숙하게 보아왔던 것이다. 그런데 그 빛깔에 소름이 왜 돋는가. 시간의 상처도 없이 너무 깨끗한 황금빛, 실크와 같은 매끄러움도 있어 만지기도 아깝다. 한여름에.

나에겐 황금빛에 대한 또 다른 에피소드가 있다.

해외여행이 막 시작된 즈음 어머니를 모시고 대만 여행을 갔다. 다른 나라와 엮어서 구경하기로 했지만 첫 번째 만난 외국이었다. 가장 인상적인 것이 무엇인가 여쭈었더니 두 분 모두 황금빛만 보았다고 하셨다. 그대로 진실인데 그때는 웃는 이야기로 끝냈다. 하지만 나에게도 강렬한 빛깔로 인상적이었다.

지금 황금빛을 내놓은 O시인은 나눔이 자연스럽다. 집에 아껴두고 먹어도 될 귀한 것을 가져왔다. 어렵게 가져왔다고 해도 우리는 공손하게 먹을 판인데 작년 가을에 마음먹고 저장해 둔 것을 한 개도 아니고 여러 개를 정성스럽게 꺼내고도 웃기만 한다. O시인은 대중교통을 이용한다. 아차하면 터지고 뭉개지고 시간이 더 늦으면 녹아서 흘러내렸을 판인데 그대로 냉기가 싸여진 채로 가져왔으니 감동이다. 모두 휘둥그레진 눈을 감추지 않았다. 지난해 가을의 설빙이 내 앞에 있다니, 어안이 벙벙할 뿐이다.

나는 집에 돌아가면 이 귀한 미끼를 놓칠 수 없다고. 서둘러 연필을 깎고 흑연을 날카롭게 손질하고 번뜩거리는 글 한 편을 써야겠다는 마음이 급해졌다. 드러내 쾌재를 부를 수 없고 창작시간을 재촉했다. 마치 수필 한 편을 지키기 위한 007작전이듯 나는 내 앞에 놓인 접시 위의 풍경에 시선을 꽂았다. 글감이 식기 전에 써야지. 정해진 시간은 어떻게 끝냈는지, 들뜬 마음을 들키지 않는 것도 공부라고 나를 진정시키고 마무리한 것은 분명하다.

집으로 돌아가는 길이 이처럼 설레다니, 의도적으로 액셀러레이터를 심하게 밟았다. 한참 느린 컴퓨터가 답답했으나 볼멘소리를 하며 기다려야만 했다. 켜졌다. 마음 안에 써 놓은 주제를 얼른 옮겼다. 누가 훔쳐갈 일도 없는데…, 그렇게 하고서야 느긋해졌다. 배가 고프다. 어머니의 홍시가 생각난다.

어릴 적에 어머니의 장독 안에서 나온 것은 홍시였다. 황금빛이 무르익을 때 가장 맛있다. 먹을 땐 이가 시릴수록 맛있다고 하여 시린 것을 아껴 먹었다. 홍시는 하루에 한 개씩만 주어졌다. 어느 날 어머니는 그것을 반을 쪼개어 나누어 주셨다. 그런 나눔은 홍시가 동나고 있음의 예고였다.

까치밥으로 남기는 홍시 몇 알, 그 황금빛을 보고 까치도 즐거웠을 것이다. 우리는 그때 그 황금빛을 보며 참을성과 인내를 배웠다. 하루를 기다렸다가 받은 한 개가 당연한 줄 알았는데, 어느 날 1/2로 나눈 몫에도 불평이란 없었던 그때 그 시절, 모자랄 때 당연히 나눠 먹는다는 것을 어릴 적에 어머니로부터 자연스럽게 훈련받아 왔다.

바깥은 지열의 안개가 짙다. 작은 스푼으로 살살 긁으며 홍시 맛에 숟가락을 빨다가 은연중의 시선에 후끈 달아오르니 에어컨 바람에도 덥다. 후회한들 이미 엎질러진 물이다. 있다고 다 먹는 것은 아니지만 여름에 만난 지난가을은 너무 특별하기에 후루룩 먹다보니 게걸스럽게 보인 것은 아닐까. 그러나 이런저런 생각이 커 갈수록 부끄러워지는 것을 변명해야 하니 그냥 모른 척 아닌 척 지났다. 확실한 건 여름에 도착한 지난가을 앞에 한없이 무너진 나였음은 확실하다. 뜬금없이 벌어진 상황에 나의 어릴 적 진면목을 다 보여준 셈이다.

우리들은 여름날에 본 지난가을의 생생한 황금빛을 오랫동안 기억할 것이다. O시인의 따뜻한 마음을 함께 말하면서, 그때의 황금빛에 감동했노라고 아끼지 않는 고마움 보낼 것이다. 무언중의 약속이지만 자랑스럽게 지킬 것이다. 마음으로 이어진 감동을 못 잊어.

가을 건너뛰고 겨울

물들어가는 가로수를 보며 가을을 산다고 푸념했다. 단풍이 아름다운 산을 찾지 못한 친구들이 너도나도 그렇다고 한다. 딱히 밖으로, 외곽으로 나서지 못할 이유가 없을 것 같은데 입을 맞춘 듯 이구동성으로 시간을 핑계 댄다.

시간은 얼마나 있어야 우리에게 핑계가 되지 않을까.

TV에서 가을 건너뛰고 겨울이라는데, 사는 일은 건너뛰고 되는 일이 그렇게 많지 않다. 어떤 것은 너무 디테일하게 요구하는 게 사는 일이라 늘 시간이 부족하다. 딱히 정해진 시간을 다 써도 껍데기만 남던 일이 허다하여, 어쩌면 그 껍데기를 가지고 일상을 보낸 것이 아닌가 싶기도 하다.

올해 나의 가을은 정말 건너뛰고 겨울 속으로 빠지는 것일까. 그렇지 않기를 바란다.

참으로 다행인 것은 비와 바람이 쏟아질 것이라는 지난밤의 예보가 빗나갔다. 물론 약한 비바람의 경계선에서 빠진 것이지만 조용했던 것만은 사실이다. 아침은 보란 듯이 큐피드의 화살로 유리창을 뚫는다. 눈부시다. 책상머리에 앉아서 자정까지 머물다가도 끝내지 못한 원고를 처음부터 뒤적거리다가 덮어두고 베란다에 나갔다. 벙글거리는 햇살을 받고 있는 작고 큰 화분들이 꽃을 받쳐 들고 있는 이곳마저 날마다 들여다보는 것을 아끼고 사는 나의 시간이다.

나의 가을은 시간이 바쁘고 단풍은 예전 그대로 가을에 물들어 있다. 다만 내가 시간을 바람막이로 삼는 것이 변명의 아이러니가 아닐까.

그럼에도 계절은 뭐가 급해서 건너뛰고 간다는 말인가. 이미 화면에서 사라진 자막을 잊지 못하고 그것에 매달려 끙끙대고 있는 나는 또 뭐란 말인가.

제라늄이 꽃망울을 맺었다. 분홍빛이 햇살에 새겨지는 베란다는 따뜻하다. 시간을 재지 않고 피고 지는 것을 반복하며 시선을 기다리지 않는 꽃의 느긋함에 아름다움을 느끼는 아침이다. 바깥은 수은주의 기둥이 급하게 내려간 탓인지 유리창이 뿌옇다. 후후 입김을 불어 닦아서 보는 창밖은 고요하다. 모두 긴장한 것 같다.

다시 제라늄을 안고 들어왔다. 나는 제라늄이 꽃을 피워도 안쓰럽고 안 피워도 안쓰럽다. 벌레를 쫓는 용기가 있음에도 불구하고 나는 제라늄이 여행을 떠나고 싶은 꽃이라고 단정짓고 있다. 스페인의 마드리드에서 너무 강렬한 인상을 가져 마치 오래전부터 사랑했던 꽃의 전부가 되어 버린 듯하다. 그 이후 제라늄은 나의 글 제재, 소재가 되어 자주 등장한다. 그보다 나는 제라늄이라고 농담 반 진담 반을 하면서도 부끄러워하지 않는 제라늄의 수다쟁이가 되고 말았다. 이해든 오해든 제라늄 시인으로 불리고 싶은 욕망을 이미 들켰다.

오늘 수업을 위해 제라늄을 쓰고 있다. 시간이 나를 막아주는 바람막이가 되듯이 제라늄이 나의 시간을 채워주고 있다. 가을과 상관없이 겨울과 상관없이 건너뛰는 것을 하지 않는 꽃, 제라늄을 보고 있으면, 사계절을 다툴 것 없이 지금 현재에 빠져든다.

수다스럽게 살아오지는 못했지만 수다를 좋아한다. 수다스러운 여인들과 함께 살아온 제라늄을 꺾꽂이를 하면서 나에겐 스페인의 꽃이 되어 뿌리를 내리고 말았다. 마드리드를 한 번 더 가서 보고 싶은 좁은 골목길, 건넛집을 마주 보는 이중창문이 열리고 이마를 맞댈 만큼의 거리를 두고 수다를 떨던 이국 여성이 보고 싶다. 나보다 더 그들의 향기를 기억하는 제라늄이다.

1996년 8월 말에 첫 시집 출간을 하면서 찍은 사진 앞에 당신이 행복해야 내가 행복하다는 글귀를 붙여 놓았다. 제라늄의 꽃말이 '그대를 사랑합니다, 당신이 있어 행복합니다.'라는 것에 포커스를 맞추면 제라늄과 나는 예사 인연이 아니다.

계절을 뛰어넘는 계절에 사는 우리들, 지금 적응해야 하는 환경이 낯설겠지만, 제라늄이 꽃을 피울 때 꽃대를 쭉 빼는 표정은 변하지 않았다. 언제나 똑같다. 그 모습에 그리움과 외로움을 공감하는 나 또한 너를 만날 때부터 그대로이다. 사랑과 믿음의 진실 그리고 신뢰인 것이다.

오늘 수업은 나를 반하게 한 꽃에 대해서 써 보는 것이 어떨까. 가을을 건너뛰는 겨울이라니 외투를 제대로 입고 나서야 될 것 같다. 제라늄을 다시 햇살이 반듯한 곳에 두고.

2부

적응과 도전 | 역설 | 힘의 균형 | 시간의 관조, 나의 해명 | 양파 전주곡
주마등 | 삼봉이 일행 입주 첫날 밤 | 겨울이면 생각나는 사람

적응과 도전

오늘의 날씨는 체감온도 영하 20도에 달하는 북극 한파가 찾아올 전망이란다. 연일 손발을 꽁꽁 얼리는 강추위가 기승을 부리고 있다. 현재 수도권과 강원, 경북 북부지역을 중심으로 한파특보가 발령 중이며, 중부지방은 영하 10도, 남부지방은 영하 5도 안팎까지 떨어져 춥겠단다. 동해안은 건조특보가 발효 중이고, 내일 밤부터는 전국적으로 바람이 강하게 불고 눈은 수요일 아침이면 대부분 그치겠지만 다시 강력한 한파가 밀려들 것이라며 감기 주의를 알린다. 체감온도 영하 20도에 달하는 북극 한파가 찾아올 전망이라는 2023년

12월 19일 화요일 여명 전, 생활날씨에서 알리는 예고를 들으며 긴장과 두려움이 앞선다.

춥다. 삼한사온이 있던 겨울이 그립다. 삼한사온을 말하면 꼰대라고 할까 봐 입은 다물지만 그 시절이 그리운 것은 사실이다. 그다지 오래전 일도 아닌데 왜 까마득한 옛날이 되어 버렸을까. 그만큼 기후는 알게 모르게 몸살을 앓으며 급변했다.

겨울 날씨가 너무 억세다. 죽기 살기로 달려드는 강풍에다 길목마다 칼바람을 대기시켜 놓고 있다. 피하는 것이 상책이라는 것을 뻔히 알지만 해야 될 일을 할 수밖에 없다. 두꺼운 외투로 겹겹이 싸고 나섰다. 바람은 막을지라도 걸음은 뒤뚱거리니 모양새가 폼을 다 구겼다. 스스로 나의 꼴이 우스울 뿐이다. 이기려거나 폼을 잡는 것 그 자체가 만용이다. 그대 앞에만 서면 나는 왜 작아지는가. 유행가 가사가 저절로 떠올라 속으로 흥얼거리면서 넘어지지 않으려고 애를 쓴다. 바람길을 피하면서.

우습다. 무수한 하루를 만났으면서도 아직도 적응되지 않아 허둥대는 나를 보면 어이가 없다. 돌아보면 그냥 산 하루가 없다. 하루를 칠전팔기로 사는 것은 얼마나 힘든가. 나의 오늘은 어제라는 하루를 이겼으니 있고 오늘을 다시 유연하게 보내는 기술을 발휘해야 내일이라는 하루를 만날 수 있다. 그런 날들이 모여 내가 살아온 세월이 되었으니 세월의 모습을 이해한 순간부터 세월은 나의 저항을 기다리고 있다는 생각이 든다. 아니 그보다 극복을 기다리고 있을 것이다. 저항보다 극복과 자연스러움을 택하고 지금까지 살아왔으니까. 사실 타자가 무섭다는 것을 안다는 것은 불행한 일이다.

생각한다. 무섭다는 것을 알면 왜 불행할까. 도전을 망설이게 되고, 도전이 없으면 결과의 희열이 없어 사는 맛의 일부를 잃는 것이나 다름없다. 그러나 나의 세월을 돌아보고 시작이 까마득하게 보일 때, 무모한 것을 향한 도전을 스스로 자제하는 것 또한, 적응이며 도전이 아닐까. 빙판길을 걸으며 생각이 많아진다. 넘어지려다 곧추세운 허리를 잡고 올려다본 하늘에서 몽롱한 옅은 잿빛 베일이 사라지고 파랑이 펼쳐지고 있다. 조금 전까지 좋지 않던 날씨가 변덕을 멈추고 자연스럽게 밝아졌다.

다시 생각한다. 무섭다는 것은 포기가 아니다. 깨달음이라고 하면 너무 나를 치켜세우는 것이 되는 것일까. 하지만 깨달음도 아니면 '무無'라고 할밖에 할 말이 없다. '무無' 또한 허무와 다름없어 고개를 절레절레 흔들고 생각들을 지우기로 했다.

나의 덜렁댐도 흉이 되지 않는 언니를 향해 폰을 열었다. 언니와 나는 엄청 좋은 주제를 가지고 이야기하지 않으면서도 대단한 주제처럼 다루고 이야기를 나눈다. 씁쓸한 맛이랑 달달한 맛이랑 균형을 잘 맞춘다. 그리고 쓴맛이 많아도 이래저래 맛을 바꾸어 부드러운 달달함을 찾기도 한다. 그리하여 명랑하고 쾌활한 마무리를 하는 편이다. 언니와 나는 일곱 살 차이지만 거리낌이 없다. 원래 내 말을 잘 들어주는 편이다. 나의 속 안팎을 다 뒤집어 보여준다. 서로의 말버릇을 편집하지 않는 순수 그대로 서로에게 물드는 알콩달콩한 이야기의 자매다.

종강한 후, 며칠 집 안에서 뭉개다가 날 받은 산책 날인데 너무 춥다. 발걸음을 빨리 집으로 되돌렸다. 그나마 어깨에 내려온 까칠한 햇살을 떨어뜨리지 않은 것만으로 만족하고 베란다로 나갔다. 바깥과 온도가 다른 탓에 꽃 피우기를 멈추지 않는 제라늄이 나를 보고 반겼다. 엄청 좋은 향기는 없지만 피고 지는 일을 게을리하지 않는 일에 집중해서 내가 좋아하는 꽃이다. 오늘 보니 제라늄도 적응과 도전을 하고 있는 것 같다. 꽃 빛깔이 의외로 좋다 싶은 것도 있고, 그와 반대로 퍼지다 사르르 잎사귀는 내려놓은 것도 있다. 지금까지 그냥 예사로 보고 넘겼는데 오늘은 내가 아프다. 이제는 꽃 피는 소리에 귀를 기울여야겠다.

영문도 모르게 우울해질 때, 제라늄이 피우는 꽃을 보면 그 우울함을 잊을 수 있었다. 꽃대 하나가 수-욱 올라와 있는 것만 봐도 나도 모르게 다문 입술을 열고 말을 건넸다. 나무는 귀가 없다고 하던데, 그러나 늘 귀를 기울이면 바람이나 햇빛이나 서로 다투어 꽃을 키우듯이 그런 행운을 기다리면 나에게도 열어줄까 싶어 제라늄 잎사귀를 한참 닦았다.

커피포트에 물이 또르르 끓는다. 원두커피를 내리며 느리게 시간을 보냈던 시절이 있었다. 그 시절을 뒤로하고 빠르게 움직이는 지금, 커피 맛의 음미보다 하루에 하는 숙제처럼 한 잔 마시는 분위기로 전환되었다. 익숙해졌다. 물 끓는 점 100도씨를 천천히 기다리는 멋은 없어졌지만 헤이즐넛 향기는 미각에 저장되어 있어 즐긴다. 그리고 이 모든 것이 나의 삶에 장식이 아닌 적응과 도전이기에 하루하루의 일기예보에 귀를 세우고, 변화하는 기후에 적응해 간다.

옛날에 그렇지 않았는데…, 이런 묵음을 되풀이하면 변화하는 것에 도태될 뿐이다. 돌아보면, 나의 일상에서, 그리고 살아온 시간 속에서 하루도 적응과 도전이 없었던 적이 없는 것 같다. 그러고 보면 나의 삶은 작든 크든 적응과 도전으로 여기까지 온 것 같다.

역설

격세지감을 수시로 느낀다. 그만큼 시대의 변화가 빠르다는 것인데 가끔 너무 빠르다는 것에 이르면 물기가 없는 건조한 사막에 황당히 선 것처럼 생각될 때가 있다. 그중 하나가 부고 문자이다. 물론 예전의 전보라도 그 정도 길이에 해당되겠지만 가끔 전달되어 오는 것은 한 줄일 때가 있다. 간단명료해서 눈에 금방 들어오는 장점은 있으나 노래가사처럼 이별이 그리 쉬운가. 정말 충격일 때가 더 많다.

영화를 보고 나오면 마지막 장면을 보러 간 것처럼 마지막 이야기에 열을 올린다. 사실 관람하는 동안, 과정 중에 받은 감동도 컸겠지만 오래 곱씹는 장면이 만남이거나 이별이거나 죽음이다. 영화를 보는 내내 숨을 죽이고 본다. 잠시도 놓지 않고 손에서 놀던 폰마저도 진동이나 꺼놓는 것은 물론이고 몰입까지 한다. 그것은 주인공의 삶과 배경을 잠시라도 놓치지 않으려는 것에 있으며 서사의 흐름을 같이 타려는 관람자의 의식이다. 그런데 삶의 종료를 알리는데 한 줄은 마지막 한 장면과 비교될 수 없다. 아픔 그 자체를. 가슴 썰렁하게 한 그 통보는 차차로 무섬증을 안는다. 그것은 돌아가신 분에 의한 것이 아니라 현실에 대한 것이다.

부호 줄임표는 점 여섯 개를 찍는다. 그 여섯 개 속에 사라진 또는 숨겨진 것은 점을 찍는 당사자나 의도적으로 점을 찍은 사람만이 정확하게 알 수 있다. 문학이라면 그 점 속의 상상력으로 감상을 즐길 수 있다. 그러나 작가 역시 유추하게 만드는 여섯 개의 점을 되도록 절제하여 사용한다. 줄인 것에 대한 비밀 캐기를 잘하면 문학적 소질이 있다고 보아야 할지는 모르겠지만 그것은 근거를 둔 것에 대하여 상상력을 펼치는 것에 가까워야 그렇다고 할 수 있다.

한 줄의 부고에 나는 왜 저항하는가.

줄임표를 겹쳐 놓았다는 불쾌감이다.

전보라는 우편통신이 있다. 그것을 받고 난 뒤의 희비喜悲를 유년시절에 어른들에게서 보았다. 전보는 좋은 소식보다 슬프거나 나쁜 소식이겠다 싶으니 자전거를 타고 오는 우체부가 그다지 달갑지 않았다. 그 당시는 집안의 길흉사 모두 그것으로 전달되었기 때문이며 어린 마음은 부모님의 표정에 따라 기쁘기도 하고 슬프기도 했으니 더 그랬던 것 같다.

우편의 발달과정은 고대 이집트의 제12대 왕조시대에 편지를 운반하는 파발꾼이 있었다고 한다. 그 이후 페르시아의 역마제도는 수도를 중심으로 일정한 거리들마다 역을 설치하여 역마들에 의한 릴레이로 통신을 하였다고 한다. 통신은 페르시아 제국 통치를 위한 연결망이었다는데 기원전 500년에 키루스 2세가 창설하였다고 하며 다리우스 1세가 완성했다고 한다.

모든 길은 로마로 통한다는 것을 통신으로 이해하는 데는 시간이 걸렸다. 로마시대의 우편발달의 신속성 때문에 생겼다지만 나의 오해는 빨리 풀리지 않았다. 삶에 빠른 것이 큰 대수인가 하는 의문이 있었기 때문이다. 로마는 잘 정비가 된 도로망을 통해 역마제가 만들어졌는데 결국에 모든 정보들이 로마로 모인다는 것이다. 훗날 1840년에 영국정부에 의해 우편의 발달과정이 근대화에 이르게 되었으며 여러 발달과정을 거쳐 오늘날의 전자우편 및 팩시밀리 등의 장비들에 이르렀다는 것이다.

문자 한 줄에 대해 생각해 본다. 빠르게 전달하려는 산 자의 욕심이었을까 싶다가도 설명할 수 없는 추적거림에 한 줄 메시지의 충격을 얼른 벗어나지 못한다. 설령, 만남의 시간이 길지 않더라도 그렇게 급했을까 하는 의문에 닿으면 경황이 없는 시점을 이해하기까지 한 줄 문장보다 빠른 매체를 부정한다.

문장 한 줄로 가장 좋은 말은 무엇일까.

한 마디로 할 수 있는 가장 좋은 말은 무엇일까.

"나는 당신을 사랑한다."가 아닐까. 한 마디면 '사랑한다.'인데 이 한 마디는 평면적 표현이 아니다. 진실입네 하는 장식을 달지 않아도 입체적으로 끌림이 있어 따듯하게 수용한다. '돌아가셨다.' 역시 진실이 아니면 안 된다. 그러나 후자는 너무 간단하면 안 된다는 것이 나의 생각이다. 어둡고 무거운 것을 다 망라한 한 마디인 그것의 진실에서 브레히트의 「죽은 병사의 전설」에 나오는 강음, 그것과 같은 것이 담겨있기를 원하는 것이다.

이웃은 많다. 동아리부터 어쩌면 셀 수 없는 사람들로부터 너나없이 이웃에 둘러싸여 있는지 모른다. 한 줄 부고를 전달 받은 날, 함께 들어오는 그와 가까운 사람의 입 자랑이 글로 들어올 때의 비감을 잊지 못한 기억도 한몫이다. 아니, 산 자의 부끄러움을 인정하지 못하는 자신에 대한 부끄러운 저항이다.

힘의 균형

여고 때 현악반이 처음 생겨 바이올린을 다룰 기회가 있었다. 선생님은 활을 부드럽게 잡으라고 하는데 현鉉 네 줄을 다루는 것이 어려웠다. 바이올린은 손가락으로 현鉉을 진동시켜 소리를 내는 하프와 달라서 단순하겠다 싶었는데 그렇지 않았다. 소리가 삐삐거릴수록 활에 힘을 주게 되어, 현鉉과 활의 마찰소리만 나오던 것을 경험했다.

골프를 배울 기회가 있었다. 나는 움직이는 공을 살려가면서 하는 경기를 즐겨보는 편이라서 멈추고 있는 골프공 치는 것쯤이야 하고 쉽게 시작했다. 그러나 골프 그립 잡는 법이라든지, 그립 잡는 힘이라든지, 골프 스윙의 기본인 정확한 몸의 움직임 등 알아야 될 것이 너무 많았다. 조금 익혔다 하더라도 가만히 그 자리에 있는 작은 그 공이 내 마음대로 되지 않았다. 몸 따로 마음 따로 공 따로, 그럴수록 손목, 팔목, 허리에 힘이 더 가서 에러 나기가 일쑤였다. 시간이 지날수록 힘을 뺀다는 것이 쉽지 않다는 것을 알았고 힘 빼는 연습시간을 늘렸으나 지금까지도 늘 어중간하게 치고 다닌다.

언젠가 축구 주심의 행동에 반한 적이 있다. 세계적인 경기였는데, 그라운드를 종횡무진 하던 중에 영상에 클로즈업되는 그의 가벼운 워킹을 본 것이다. 그 가벼움이 너무 멋있었다. 요즘 실업배구경기가 한창이다. 점수를 올리는 데 직접· 간접으로 역할을 한 선수 이름들이 중계방송 중에 많이 오르내린다. 힘을 뺌으로써 상대팀의 네트 안에다 정곡을 찔렀다는 중계자의 말에 귀가 솔깃하다. 가벼움에서 맛본, 경기 보는 맛이 배구에서도 들린다.

이와 다르게 요즘 TV 뉴스에 힘에 관련된 뉴스들이 귀를 괴롭힌다. 그렇게 보면 힘은 현실적이기도 하고 추상적이기도 하고 애매모호하기까지 하다. 속담에 힘의 균형을 가장 잘 드러낸 "백짓장도 맞들면 낫다"는 말이 있다. 초등학교 때부터 들어온 속담인데 힘의 균형을 이제 말하는 것이 부끄럽다. 하지만 이왕 부끄러운 것, 잠시 훑고 가야겠다.

힘이란 한 사람한테 치우치면 문제가 생긴다. 무거운 것을 혼자 한 것에 대한 보상이라든지 하여, 서서히 자기 것 챙기는 것의 수단이 되는 것이 되어 불균형이라는 기울기를 만든다. 힘에 의해 생기는 불균형을 자기 몫 챙기려고 하는 것으로 번져 다툼의 문제로까지 확산하여 결국 꼴불견이 되고 마는 것이다.

또한 눈에 힘이 들어간다든지 어깨에 힘이 들어간 것은 타자가 먼저 안다. 그런 사람이 가까운 사람일지라도 조언이 어렵다. 그것을 받아들이기에는 너무 힘이 들어가 있기 때문이다. 조언을 하는 것은 그 힘을 부러트리라는 것이 아니고 부드럽게 하라는 것일 텐데…. 조언도 받아들임도 어렵기는 마찬가지라는 것을 자의든 타의든 경험하고도 쉽게 고쳐지지 않는다.

우리는 사회생활 속에서 내려놓기를 해야 한다는 말을 많이 듣기도, 쉽게 하기도 한다. 나 또한 내려놓기란 무엇일까를 진지하게 생각하면서 그 말을 썼던 것일까. 그로 인해 작은 행동이라도 시도해 봤는지….

그나마 조금 보이는 것은 힘을 빼기 위해, 내려놓기 위해 노력하며 사는 사람의 행동과 표정이 다르다는 것이다. 타자를 편안하게 하고, 그 모습이 향기롭기까지 하다는 것이다.

힘의 균형은 인간관계에서 항시 노출되어 있다. 가끔 힘이 치고 들어오면 두렵기도 하여 멀리하고 싶다. 이기적일 수도 있다. 그럼에도 역지사지易地思之가 되어 보면 비슷한 행동을 하면서도 타자는 이기적이고, 나는, 나의 원칙에 빠져 나에게만 관대하여…. 고로 생각하는 계기가 되기도 한다. 스스로 만든 분노에 휘말려 있는 자아와의 화해를 위해 나만의 피정이랍시고 고립을 선택한다.

힘이란 무엇일까.
힘의 균형을 어떻게 잡아야 하는 것일까.

어릴 적에 시소(seesaw) 놀이가 있었다. 친구가 올라가서 내려오지 않으면 내가 엉덩이를 살짝 들어주고, 내가 내려가지 못하면 친구가 또 그렇게 해 줬다. 그렇게 오르내리기를 반복하다가 터지던 웃음보에 자연스럽던 어깨동무, 그 순수가 그립다.

시간의 관조, 나의 해명

막내가 초등학교 6학년 때의 일이다.

학교에서 백일장에 참석해 달라는 것이다. 처음에는 당황스럽기도 하여 사양했다. 하지만 당일의 전화는 어찌할 수 없어 참가하게 되었다. 서구 교육청 관할 초·중·고 어머니 백일장 대회인데, 장소는 도솔산 내원정사 사문 입구였다. 참가에만 의미를 두었지만 상당한 인원에 놀라웠고 긴장되기까지 했다. 1991년 10월 11일, 그날의 날씨는 맑고 온순했으며 가을꽃 향기가 은은했다.

시와 산문의 공통 글제는 '꽃길을 걸으며'였다.

산문을 택했다. 주제를 두고 곰곰이 생각하였다. 이런저런 상상을 더듬다가 오히려 지금 내 심정을 이야기하는 것으로 실마리를 풀었다. 그 당시 부산일보 콩트난 '삼면경'에 일상의 글이 실리고, 여성잡지 등에 나의 낭만을 싣는 계기도 있어서 글쓰기에 대한 나의 만족감도 있었다. 하지만 뭔가 하지 않으면 안 되는 중독증에 걸린 것처럼 늘 배우러 다닌다고 바쁜 시간을 보냈다. 그날도 공부 프로그램이 짜여 현장에 오래 있을 처지가 아니었다. 작품만 내놓고 어머니 대표한테 양해를 구하고 자리를 떴다.

저녁 해거름이 내릴 때 집에 돌아왔다. 부리나케 울리는 전화는 장원이라는 소식을 전해 왔다. 그리고 담임 선생님과 교장 선생님의 전화도 연이어 왔다. 교장 선생님께서는 수첩에 몇 편의 시를 적어 두고 외우기도 하신다니 나의 수상 소식이 남달랐던 모양이었다. 학교로서는 7년만의 쾌거라고 하시며 전교조례 때 시상식이 있겠단다. 나도 물론이지만 막내는 더 펄쩍 뛰었다. 만류했다. 월요일에 대문을 나서기까지 실랑이를 벌였다. 그러나 이미 엎어진 물을 어쩌랴. 나는 어정쩡한 걸음으로 운동장을 아우르고 있는 높은 단상에 올라서고 말았다.

"글짓기에서 제일 큰 상은 뭐죠?"

교장 선생님의 물음이 끝나자마자

"장원이요~"

들뜬 아이들의 목소리와 우레와 같은 박수가 함께 터졌다. 막내가 눈에 띄었다. 활짝 웃으며 신나게 박수를 치고 있었다. 휴, 가슴을 쓸었다. 집을 나설 때 부끄럽다고 등굣길을 머뭇거리며 몸을 비틀어댔던 것을 생각하면 천근만근 무거웠던 나의 마음이었다. 막내의 뜨거운 박수갈채로 새겨진 나의 첫 산문은 나의 삶 에너지를 끊임없이 재생하여 글쓰기를 멈추지 않게 한다.

> 인간은 모성애보다 먼저인 것이 이기심일까. 갑자기 까칠해 보이고 볼이 파인 것처럼 보이는 얼굴에 좀 더 기름기 있는 화장품을 발라 보아야겠다고 서둘고 TV드라마 속의 내 또래 여자주인공이 더 젊어 보임에 은근히 질투하면서 손등을 만져 본다.
>
> -중략-
>
> 후두둑- 떨어지는 낙엽이 꽃의 거름이 되는 줄 진작 알았다면 내가 가는 인생길에서 좀 더 편안하게 거닐 수 있었을 텐데
>
> – 박미정, 「꽃길을 걸으며」 부분

글쓰기는 도전이다.

세월을 더 멀리, 나의 초등학교 6학년 또한 특별한 기억

을 가지고 있다.

그날 마지막 수업시간을 앞둔 쉬는 시간, 바깥은 어두웠다. 화장실 가는 일이 수월치 않았다. 아마도 12월쯤 되었던가 보다.

“빨간 종이 줄까 파란 종이 줄까 흐흐흐”

하며 귀신 소리로 공포증이 확산된 분위기는 결국 모두가 화장실 밖에서 볼일을 보는 일로 이어졌다. 급사아저씨가 “이놈들” 고함지르고 쫓아오는 바람에 혼비백산하여 서로 떠밀며 교실로 도망쳐 왔다. 스무 명 남짓 함께 한 거사(?)를 어이없어 하신 선생님은 단체 벌을 내렸고, 우울한 수업으로 마감이 됐다.

다음 날 작문 시간이었다. 글은 진실해야 한다고 하셨다. 나는 망설이다가 어제 일을 미주알고주알 썼다. 선생님께서 나를 호명하셨다. 칭찬에 고무된 나는 얼떨결에 읽는 것까지 해냈다. 친구들의 박수를 받았다. 집으로 돌아가는 길이 얼마나 빨랐는지 단걸음에 닿았다.

나의 글을 읽으신 어머니는 칭찬해 주시며 어릴 적 이야기 한 토막을 또 들려주셨다. 일기를 쓰거나 글과 관련되는 일이 있을 적마다 말씀하셨지만, 하시는 어머니도 듣는 나도 함께 행복하니 할수록 좋았다.

내 고향 통영은 고개가 유독 많다. 어느 날 차가 울고 간다고 엄마를 불러대며 마당 끝으로 데려갔더란다. 고개를 넘어 가는 자동차 엔진 소리를 예사롭게 듣지 않았다는 칭찬이었다. 그리고 '자동차가 울고 간다'며 발을 동동 구르는 모습이 귀여웠는데, 거기에다 와락 안겼으니, 그 이후 개구쟁이 짓이 면제되는 보상관계가 되기도 하였단다.

글을 쓰는 일이 나의 삶 한 부분이 된 것은 이해인 수녀님의 글을 읽은 후부터였다. 집안에 고단한 일이 생겨서 우울하던 날, 여고 동창의 점심 초대를 받았다. 가만히 손 맺고 있으라는 말에 이런저런 책을 꺼내 보다가 그녀의 동생이 『한맥문학』으로 등단한 것을 알게 되었다. 그리고 눈에 띈 이해인 수녀님의 글을 읽었다. 설거지에 관련된 글인데 시선이 꽂혔다. 마치 내가 하는 설거지였다. '내가 설거지를 써야지 수녀님이 왜?' 참 황당한 생각이었지만 그때는 내가 할 일을 안 했다는 느낌이 들었다.

'나는 뭐하고 있지?'

'왜?'

물음표는 나를 향했다.

나의 초등학교 6학년 때를 또 소환한다. 그해 한산대첩 백일장에 참가했다. 글제는 '돛단배'였는데 '차하'를 받은 것 같다. 나의 생애 첫 시, '돛단배'를 무의식적으로 외우면서도 다음 시편을 생각해 본 적이 없었다. 하지만 '설거지'의 충격은 몹시 컸던 모양이다. 이후 시작된 습작은 꾸준하였다. 2년 후에 『한맥문학』 등단을 하고, 그 2년 후에 첫 시집 『밤에 쓰는 詩』를 출간했다.

『시학』 9장에, 시인이 해야 하는 일은 실제로 일어난 일이 아니라, 일어날지도 모르는 일, 다시 말해서 일어날 법하거나 일어날 수밖에 없는, (우리 삶처럼) 가능한 일 같은 것을 그리는 데 있다. 이 말을 수긍하면서도 탐색으로만 이륙하고 마는 것에 절망하기도 한다.

다음은 필자의 만어사萬魚寺를 소개한다.

> 만어사萬魚寺 절 앞 돌너덜지대에 갔다 돌이 된 물고기들의 소리를 들으려면 돌로 쳐야 한다기에 작은 돌 하나를 불끈 쥐었다 사정없이 찍어대어도 일일이 답하는 침묵의 소리, 소리로 돌아오는 소리를 따라 등을 미끄럽게 옮겨 타고 다녔다 종鐘이다 물고기다 떠들어대며 덧없이 모습 다른 소리들을 신나게 강탈했다 문득……, 머뭇거림을 기다린 듯이 내 손 안의 작은 돌이 파드닥 지느러미를 치며 바다로 향했다 장대한 파노라마의 소리여운은 삶의 종루길 종루에 영원히 매달린 종鐘인가 잴 수 없는 심연의 물고기인가
>
> — 박미정, 「맥놀이 5」 전문

이 시는 시집 제7권에 실렸다. 귀로 느껴 아는 일상적인 의미를 유지하며 다른 한편으로는 은폐로부터 이끌어 내려는 심리를 다루어 보았다. 소리의 강도는 지느러미의 파동으로 순수한 세계를 꾀하고 소리의 여운은 법문으로 새겨지는 의미를 부과하여 뜻하고 싶었으나 물고기에 대한 향수에다 영원한 과제를 두고 있다.

잊는다 하여도
못 잊을 그대
닿은 꿈속에서
애틋한 포옹
눈뜨면 사뭇
깊어지는 정情

— 박미정, 「해오라비 난초」 전문

'해오라비 난초'는 시집 제8권 첫 장을 장식하고 있는데 부울경뉴스에 실려 제법 독자를 많이 만났다. 왠지 '장식'이란 어휘를 써 놓고 부담스러워 몇 번 지웠다가 다시 썼다. 나는 시의 외부에서 하는 언어조차 가끔 쉽지 않을 때가 있다.

철학자 마틴 하이데거는 "언어는 존재의 집이다"라고 말하였다. 내가 규정을 짓는 언어지만, 달리 언어가 나를 규정짓기도 한다는 것을 생각하면 여간 조심스럽지 않다. 언어가 나를 지켜보는 듯 무거운 짐이 될 때, 시를 짓는 일을 멈추고 나의 시간을, 징검다리를 놓아 주는 수필을 읽게 된다.

간밤에 이것저것 읽은 책모서리가 깨지고 부서진 잠이 청승스럽게 눈을 감긴다. 그렇잖아도 보이지 않는 바다가 불만스러운데 핑계 삼아 아예 눈을 감아버린다. 안경은 때때로 눈 동작을 숨길 수 있어서 좋다. 한껏 자고 난 후의 개운함과 달리 창밖의 해무는 아직 깔렸다. 회색빛 속을 아스팔트가 차고 나간다. 이정표를 잘못 읽은 베스트드라이버의 회항에도 너그러운 사람들, 침묵 또한 무채색이다. 어쩌면 서해 철책의 역사에 가슴 아픈 글들을 마음속으로 쓰고 있는지 모른다. 회색빛 바깥은 바람도 실실 불며 계절에 맞지 않게 을씨년스런 풍경을 지속하고 있다. 괜스레 안경을 콧등 위로 밀어 올린다.

—중략—

시장기의 시중을 들어야 하는 식탁에서 게의 향기는 식욕을 돋운다. 혀의 오감이 먼저 맛을 다신다. 손님을 위해 주방에서부터 뚜껑을 열고 식탁에 오른 게는 다 녹은 애를 보이고 있다. 우리는 언제부터 이렇게 잔인했는지 애를 녹인 게에 반해서 환호성을 지른다. 남의 불행이 나의 행복이라고 하는 말에 반기를 들던 평소의 마음도 배고픔에는 백기를 들었다. 포만감 후에 벗겨지는 해무를 보면서 소진된 에너지를 보충할 일이다. 긴 소매 끝에게 흔적이 남으면 안 될 것 같다. 우선 겉옷부터 벗고 젓가락과 손가락을 번갈아 가며 부지런히 내 몫을 챙긴다.
아, 이제 앞도 보이고 옆도 보인다.

— 박미정, 「해무를 벗기다」 부분

이날, 서해의 우울한 해무를 황희 선생 영당지에서 풀었다. '누렁소와 검은 소 이야기'에 뜨겁게 용해된 것도 사실이다. 농부가 한 이야기를 새겨들어, 삶에 남의 이야기를 하지 않는 귀감으로 삼았다니 참 그리운 사람이 아닐 수 없다. 누구에게나 배우는 현자賢者를 만난 것이다. 그가 세운 정자 반구정에서 파도를 찾다가 강을 바다로 착각했다. 해프닝일지라도 강은 연신 파랗게 웃으며 바다처럼 짙푸른 물푸레나무의 인자한 웃음으로 다가왔다. 자연의 생동감으로 감수성을 닦는다.

국제신문 주최, 제6기 국제여성대학 졸업기념 1980년 5월 30일. 인쇄가 낡은 페넌트를 벽에 걸어 두고 있다. 한 시절의 훈장이기 때문이다. 지난 시간을 관조해 보면 문학은 나를 움직이게 하며 보라, 또 보라 하는 명령형이 아닌가 싶다.

양파 전주곡

며칠간 전국적으로 한파가 강타했다. 기승을 부리던 코로나19가 고삐를 놓나 싶었는데 한파가 복병이 되어 나타났다. 엎친 데 덮쳤다.

그러나 현실 상황에서도 코로나바이러스는 세계적으로 줄어드는 상황이라 우리나라는 병원과 몇 곳만 빼고 마스크 쓰는 것을 자율에 맡긴다고 한다. 하루하루 상황에 따라 일희일비하지는 않았지만, 자율이라면 쾌재를 불러야 하는데 마스크를 착용하지 않는 현실상황이 막상 망설여진다. 하지만 악몽이 사라진 것만은 분명하다. 그동안 무겁던 마음을 훌훌

벗고 가볍고 경쾌하게 우리는 마음을 합심하여 지리산 쪽으로 향한다.

아직 바람은 차다. 창밖은 눈부신 햇살이 사금파리처럼 흩어져 들판을 가득 채우고 있다. 눈을 게슴츠레 떴다. 집에서 나설 때 찬바람으로 움츠렸던 어깨를 잠시 흔들어 몸을 푼다.

“저거 다 양파입니다”

사실 지금까지 양파의 파종시기를 예사로 여겼다. 그런데 그 한마디에 귀가 솔깃하고 시선은 창밖 오른쪽을 훑는다.

코로나19가 극성을 부리던 우울한 삼 년 동안 살기 위해서, 살아남기 위해서 마스크로 완전 무장했다. 그와 마찬가지로 양파는 몇 겹의 껍질을 만들기 위해서 봄보다 먼저 봄을 준비해야 되었는지 모른다. 그러지 않고서야 아직 가시지 않은 찬바람 속에서 의기양양한 신록을 드러낼 수 있을까. 양파의 속성이라기보다 양파의 생동이 예사롭게 보이지 않는다.

세월이 빠르다고 하면서도 느리게 빠져나가는 겨울 언저리를 타박하고, 그렇다고 서둘러 온 봄을 뜻깊게 맞이한 적이 몇 번이나 있었는지 생각해 본다. 없다. 늘 어정거리기만 했을 뿐이다. 어정거리며 밀쳐내고 지나갔던 계절 그 끝에는 항상 나의 후회가 또 서성거렸다.

그것을 경험으로 세월과 삶을 연관하고, 삶은 자연의 생태와 다르지 않다고 말해 왔다. 때로는 건성으로 말하기도 하였으나 현실에 부딪힌 감동으로 할 때가 더 많았다. 뼈아픈 후회이기도 했으니까.

오늘, 겨울의 끝자락에서 겨울을 밀어내고 우뚝 봄을 장악하고 있는 양파를 보면서 자기 생명을 보호하려는 안간힘을 느꼈다. 비록 차창 안과 밖에서의 나의 공감이며 서로 다른 공존이긴 하지만….

음식을 준비하는 데 양파는 필수다. 다져 넣기도 하고 갈아서 넣기도 하고, 적당하게 썰어 넣기도 한다. 요즘은 날것으로 썰어 두고 부엌일을 할 때 오며가며 먹는다. 건강식 중의 하나로 여기면서 즐기는 양파 맛이다.

또한 양파껍질은 이야기를 많이 만들기도 하니까 나도 두어 번 써 먹었다. 양파처럼 알맹이가 없다거나 거짓이 까도 까도 끝이 없다거나 등 비아냥이나 폄하를 양파로 과장했다.

지금 봄을 파릇하게 먼저 맞이하는 양파를 보며 벗기고 벗겨도 껍질이더라는 누구나 다 빗대어 말하는 양파가 아니라, 나의 삶을 돌아보게 하는 양파다. 얼마나 준비됐으면 그 한파 끝에서도 저처럼 꿋꿋할 수 있을까.

얼마 전에 양파에 난 싹을 잘라서 잘 다듬고 다져서 맛있는 양념장을 만드는 것을 어깨 너머로 배웠다. 예전 같으면

버렸을 것이 톡 쏘는 맛으로 태어나 입안의 향기가 되었다. 하찮은 재료를 귀하게 여겨 손질하면 귀한 맛을 내는 모양이다. 국수나 수제비를 먹을 때 맛을 내는 적당한 소스가 없어 애먹었는데 이제는 양파 양념장이 식탁 위에 윈톱이 되었다. 걱정을 덜었다. 이런 일들이 양파를 관심 있게 보게 한 전주곡이었다.

"저거 다 양파입니다."

그 한마디에 눈이 아플 정도로 양파의 땅을 주시했다. 봄이라고 하기에는 겨울 그늘이 아직 짙다. 춥다. 그러나 양파가 돋아난 땅은 파릇파릇하여 벌써 봄이다.

양파의 심장은 껍질을 다 깐 끝에 있다. 그 심장을 보호하기 위한 껍질을 만드는 양파의 과정은 싹둑 사라지고 때로는 불신의 대명사로 사용한 것은 무지의 소치다.

"저거 다 양파입니다."

"어디요, 어디요?"

양파 전주곡이 울려 퍼지는 행복한 노정의 봄을 먼저 맞이한다.

주마등

단비가 내린다. 목마르던 대지에서 흙내가 풍기는 새벽이다. 고창으로 떠나는 기행은 가을비 우산 속에 떠나는 행사가 되었지만 모두 축제의 기분으로 버스에 오른다. 만남의 인사가 반갑기도 하고 서먹하기도 하는데 마침 내리는 비가 인사거리가 되어주어 고맙기도 하다.

일곱 시, 평일 같으면 붐볐을 도로가 조용하다. 가로수 플라타너스의 잎사귀가 가랑비에 젖어 우수가 전해져 고요하기까지 한 도시의 낯선 풍경은 주말의 비밀이 아닐까 싶다. 버스는 우연히 연속적으로 파란불 신호를 받는 행운까지 겹쳐서 일사천리로 도시를 빠져나간다. 나는 이 스릴에 마치 시의 이중 구조를 풀고 읽어나가는 것처럼 시원함을 느꼈다.

고속도로는 버스의 행렬이다. 자연을 보러 나가는, 마치 자연 사랑의 캠페인과 다르지 않은 행렬에 동참한 기분이다. 자연을 사랑하지 않는 사람이 어디 있을까만 오늘의 외출은 그 가치를 인정하는 시각적 세계를 위한 것이 아니고, 여행으로서 가볍게 보이는 것은 보고, 보이지 않는 것은 이야기할 수 없는 가벼운 정신 차림이다. 그러나 자연은 내 안의 세계에서 평안을 누리게 하는 존재가 틀림없으니 나에게 이 시간조차도 자연 사랑이라고 스스로 권면한다.

버스는 고창으로 향한다.

고창은 내가 아끼는 친정조카의 시집이 있는 곳이다. 누가 조카사위를 좋은 사람이라고만 표현하면 섭섭할 정도로 참 좋은 사람이다. 그에 대해서 하나, 둘 이야기하면 자랑이기에 접는다. 하지만 그 길을 따라 떠오는 것을 어찌하랴.

언니부부와 같이 고창에 놀러갔던 적이 있다. 두어 번 본 적이 있는 사돈이 나를 끼워 같이 오라는 초대장을 받은 인사 격이다.

두 분만 계시는 집이지만 조촐하지 않았다. 농삿집 마당은 넓어서 일거리가 많이 널려 있었다. 사돈은 반갑게 맞이해 주셨고 동행한 조카내외는 얼른 일거리를 주섬주섬 찾아서 집 안팎을 정리했다. 여러 개의 방은 단정하게 닫혀져 격자무늬의 방 문살이 눈에 띌 뿐이다. 방과 방 사이 대청으로 보이는 곳에서 커피와 다과를 내놓고 정담을 나눴다. 볕에 그을린 얼굴이 잘 어울리는 바깥사돈은 입담도 좋아서 많이 웃었던 기억이 있다.

사돈은 고창에서는 장어집을 꼭 들러야 한다고 하셨다. 그다지 멀지 않는 곳에 있다고 하면서 우리들이 아침에 서둘러 나온 것을 짐작하여 먼저 앞장서셨다. 물론 자동차로 이동하는 것이지만 손 놓고 노는 분이 아니라서 바쁘게 움직이려고 하는 모습이 몸에 배인 것 같으셨다.

예약을 해 놓았지만 뷰가 어떻고 할 겨를이 없이 꽉 찼다. 나는 뷰를 그렇게 따지거나 선호하지 않는다. 그렇지만 사돈은 아쉬운 듯 정해진 자리를 당신이 잘못해서 그런 것처럼 미안해하셨다. 사돈끼리는 인사가 많다. 우리도 다르지 않아서 여러 예를 갖추고 자리에 앉았다. 장어가 풍기는 향기, 그대로 진미였다. 사돈이 자랑하실 만했다. 고창으로 오시면 꼭 먹어야 된다고 거듭 다음에 다시 올 것을 권하기도 하셨다. 참으로 인정이 넘쳤다. 그 이후 조카와 통화할 일이 있으면 사돈 안부를 꼭 챙긴다.

선운사를 향했다. 앞서거니 뒤서거니 걸어서 가는 길이 가깝지는 않았다. 자동차를 좀 더 멀리 두고 온 셈이라 식곤증과 겹쳐 약간 고단했다.

오백 년을 견뎌온 동백이 유명하다고 하며 선운사의 존재를 드러내는 데 사돈은 집중하게 하셨다. 길가에 있는 이것저것도 다 예사롭게 보이지 않는 것은 부지런한 바깥사돈의 메시지 노출로 인하여 심미성을 보였기 때문이다. 나는 속으로 뛰어난 가이드라고 생각하고 잠깐 끼어들어 묻기도 했다. 하나도 빠짐없이 들으려고 잘 따랐다. 그리고 그 분위기는 그래야 했다. 작가라고 나에게 관심을 두는 그들에게, 보내는 나의 예의였다.

고인돌 방향으로 향했다. 사돈부부와는 헤어지기로 했다. 안사돈이 치료를 받는 일이 있어서 그렇단다. 그러고 보니 서울로 연거푸 올라왔던 일이 있었다. 이제는 암 치료가 끝났지만 모두 걱정 근심했던 일이다. 그 이후로 피로가 누적되는 것은 일체 삼가는 것으로 알고 있다. 평상시로 회복하였지만 솥뚜껑 보고 놀란 가슴 자라를 보고도 놀란다는 말이 있듯이 예방이 최고가 아니겠는가. 아쉬운 작별을 나눴다.

고인돌은 가파르지 않은 언덕에 펼쳐져 있었다. 한눈에 보면 같은 것처럼 보이지만 자세히 보면 각각의 모양이 다르다. 언니와 내가 인증 샷을 하고 있는 것을 싱겁게 보고 웃던 형부가 지난해 팔순이었다.

두루두루 보고 즐겼던 그때, 하루해는 너무 짧았다. 아무리 길어도 농부한테는 일하자면 쓸 것이 없다는 하루해, 이번 여행길에는 길었으면 좋겠다.

고창에 닿았다. 차 안에서 지난 고창의 여행이 주마등처럼 스쳤다. 그 그림자를 안고 나만의 호젓한 시간을 보낸 것 또한 추억이다. 내가 아끼고 좋아하는 조카사위의 고향이라 그런지 이것저것 더 잘 챙겨 기억하고 싶다.

삼봉이 일행 입주 첫날 밤

나는 수석에 대해서 문외한이다. 수석을 자세히 본 적도 없기도 하고 관심이 없었다. 누가 수석을 취한 이야기를 하면 건성으로 들으니 귀에 들어올 리 없다.

그런데 수석을 수집하는 것을 취미로 하고 있는 지인에게서 수석 한 점을 몇 달 전에 선물 받았다. 애지중지 싸서 전해주는 그것을 조심스럽게 받았다. 집에 도착하자마자 포장을 풀었다. 까만 포돗빛에 감탄이 절로 나왔다. 아예 바위가 포도처럼 동글동글한 것으로 채워졌다. 그렇지만 형상화 자체는 사랑스런 딸과 말을 나누는 아버지의 형상화로 '부녀상'

으로 이름을 지었다.

그로부터 몇 달 후, 바로 어제다.

지인은 수석을 정리하는 중에 용달차 편으로 몇 점 보낸다고 하여 나는 얼마나 크면 용달차로 보내느냐고 놀람을 먼저 전했다. 받아보면 안다고 하면서 자리나 잘 잡아두라고 한다. 그리고 삼봉이 간다고 하면서 너무 좋으니까 잘 보란다.

마음이 바빠졌다. 어디다 두지, 큰 돌인 것 같은데 어디다 세워 두지. 거실 구석을 챙겨보기도 하고 혼자의 상상만으로 키가 어느 정도 되는지, 여기가 좋을까 저기가 좋을까 하며 모서리를 찾았다. 삼봉이라니 사람이름 같기도 하여 왜 그런 것을…, 하면서 달갑지 않기도 했다.

십년 동안 지인과 수석 운반하는 일을 했다는 그 사람이 현관 밖에 푼 것은 이삿짐 운반할 때 쓰는 노랗고 단단한 플라스틱 통 네 개였다. 내 눈이 둥그레졌다. 이게 뭔 일이지? 의아한 내 표정을 읽었는지 귀한 것이라서 이렇게 싸서 운반하지 않으면 안 된다고 한다. 그도 그럴 것이 담요를 풀고 있는 것이 아닌가.

일단 수반이 큰 것과 작은 것에 돌이 앉혀 있으니 베란다에다 두 점 놓아 달라고 했다. 그리고 거북이 형상은 장식장 위에 올려놓고 다른 하나는 먼저 와 있던 부녀상 옆에 나란히 두었다. 그 분은 좋은 선물 받으셨다면서 총총히 나갔다.

삼봉은 사람의 이름이 아니었다. 산 세 개의 봉우리였다. 너른 수반 위에 오른쪽 끝을 물고 시작되는 산은 말로 다 표현할 수 없을 정도여서 감탄만 거듭했다. 멀리서 보면 더 좋다고 하니, 식탁에서 보았다. 더더욱 말로 표현할 수 없다. 내가 마치 휴양지에 와 있는 기분이고, 백사장을 산책하는 기분이고, 우리 집은 산봉우리 세 개에서 흘러내리는 배산임수의 명당에 있는 것 같은 착각이 들었다. 보면 볼수록 편안해지는 삼봉의 기氣를 느끼고 감사의 마음으로 두 손을 모았다.

거북의 형상 또한 기가 차다. 살았다. 너무 온화한 거북이다. 그러나 활기가 넘친다. 컴퓨터 가까이에 있어 작업을 하다가 쳐다보면 저절로 터지는 탄성이다. 살다보니 이런 일이, 세상에 이런 일이….

보낸 지인은 다른 말은 안 하고 누가 좋다고 해도 주면 안 된다는 말만 유선을 통해 전했다.

나는 어떤 물건을 집에 들여놓는 그날 밤은 그 물건을 둔 장소에 불을 켜 둔다. 서로 낯설기도 하여, 그 물건에 대한 예우로서 그렇게 하는 것이다. 어제도 다르지 않았다. 밤새도록 은근하게 불을 켜 두고, 잠이 들락거리는 잠 설치는 시간에도 나와서 잠시 둘러보는 것을 반복하다가 잠이 들었다. 나랑 정드는 시간이다. 당연히 잠을 설칠 수밖에 없다. 밤에는 산이 내려온다는데 삼봉은 첫날 밤을 나를 지키며 사랑하는 방법을 배우려고 지새웠는지 모른다. 불을 켜 준 새 주인의 인정을 헤아리며….

나도 참 오랜만에 선명한 꿈을 꿨다. 평생에 꿀까 말까 하는 꿈이다. 어제 이들의 입주를 설왕설래하면서 마음이 바빴다. 조용히 마음을 가라앉히고 꿈을 다시 상기한다. 삼봉과 거북과 행복한 군상과 부녀의 이야기를 들으며 오늘, 그리고 다가올 미래에 대해 잠시 묵상에 든다.

겨울이면 생각나는 사람

고구마는 나에게 특별한 기호식품이다. 어릴 적에 즐겨 먹었던 향수에 의한 것도 있겠지만 특이한 것은 며칠 계속해서 먹어도 질리지 않는다는 것이다. 맛은 겨울에 더 맛있다. 물렁물렁한 것은 단맛도 유별나서 추운 날 차게 먹으면 기가 찬다. 옆구리가 적당히 진이 나올 정도로 냄비바닥에 붙은 흔적이 있으면 그 부분은 고소하고 달콤하다. 밤고구마도 있다. 단점은 천천히 먹어야 하는데 성질 급한 사람은 먹다 보면 성질이 고쳐질 일이다.

젊은 날의 이야기다. 우리 동네는 신주택 지역이었는데 아이들 학교 보내고 난 뒤 엄마들끼리 커피타임을 가졌다. 고구마를 삶은 날에는 내가 빠지지 않았다. 김장 하는 날이면 고구마를 삶았다. 생김치를 척척 걸쳐 먹는 맛이 일미다. 친하게 지내던 이웃이 영도로 이사를 갔다. 그곳에서도 고구마만 삶으면 전화를 했다. 고구마를 보면 생각나는 사람이 되고 말았으나 기분 나쁜 일이 아니었다. 나의 기호식품은 겨울이면 더 시끌벅적하다. 고구마 찌면 내가 생각난다고 하니 유독 겨울에 생각나는 사람이 아닌가. 싫지 않은 일이라서 이웃 이야기라든지 기호식품 이야기가 나오면 자랑 삼는다.

여행 후에 가장 오래도록 기억되는 것은 무엇일까? 칠십 퍼센트 정도가 음식이라는 것을 신문에서 본 적이 있다. 개인에 따라 다르겠지만 그것에 동의하는 것을 서슴지 않는다. 왜냐하면 그렇다는 생각이 나는 거의 백 퍼센트이니까.

아이들을 데리고 용평에 갔을 때의 일이다. 그릴에서 은박지에 싼 잘 구운 감자를 먹으면서도 고구마가 먹고 싶다고 했더니 일행 중 언니가 그 갈증을 해소해 주었다. 고구마를 많이 먹는 편은 아니지만 권하면 사양하지 않는 것이 유독 고구마다. 겨울 어느 날, 통도사 근처의 한 식당에 들렀는데 주인이 덤으로 군고구마를 직접 구워 주었다. 난로 옆에 우리 일행은 껌딱지처럼 붙었다. 그곳을 찾은 사람들 또한 만면에 만족을 띠었다.

고구마는 가끔 외면당하기도 한다. 가난한 시절에 먹었던 거라서 정나미가 떨어졌다는 것이다. 우리가 어릴 때는 형편이 다들 고만고만하지 않았는가. 고구마로 끼니를 때울 때도 있었겠지. 하지만 둥근 밥상에 둘레둘레 앉아서 어머니와 언니가 껍질을 잘 벗겨 주던 고구마를 잘 익은 김치에 걸치면 밥보다 후딱 먹어졌다. 따듯한 아랫목에 언니들과 발 뻗고 이불 덮고, 그 위에 고구마 한 소쿠리 갖다 놓으면 만화든 소설이든 읽는 재미가 쏠쏠했다. 흔한 것이 흔하지 않게 간식 대신으로 적당한 배고픔 때우는 데는 그저 그만이었다.

친정어머니는 갈치젓을 좋아하셨다. 부평동시장에 가면 수십 가지의 젓갈이 있다. 그러나 어머니를 뵈러 갈 때 갈치젓 몇 그램은 제일 반김을 받았다. 돌아보면 그것조차도 자주 못해 드린 것이 송구스럽다. 어느 날 작은 언니가 갈치젓만 달랑 들고 어머니를 뵈러 갔는데 그래도 좋아하셨다는 이야기를 듣고 나는 전복을 좋아한다고 해야겠다고 너스레를 떨었다. 이왕이면 비싼 것을 좋아한다고 해야지 갈치젓이 뭐냐고 했더니 "맛은 추억이다"고 하시던 말씀이 가슴에 남았다. 부잣집 큰딸과 그렇지 않은 막내딸의 입맛 차이지만 추억을 소중하게 여기는 부녀임에는 분명했다.

엊그제 전화 한 통을 받았다. 반가운 목소리였다. 좋은 일이 있거나 일상의 변화가 생기면 전화하는 예쁜 후배다. 그녀의 자랑은 나를 즐겁게 했고 변화는 관심을 갖게 했으니 오늘은 무얼까 궁금했다. 고구마를 보냈단다. 작년 겨울 내내 맛있는 고구마를 먹게 해 준 장본인이다. 겨울 막바지에는 그녀의 친정에서 바로 보내오기도 했는데 고구마의 공수가 우리 둘의 이야깃거리다. 후배는 친정에서 고구마가 오면 내가 생각난단다. 고구마를 한 상자 보냈다며 즐거워했다.

다음 날 현관 앞에 고구마 한 박스가 기다리고 있었다. 계단 위에 놓여 있었는데 마치 나를 오랫동안 기다린 표정으로 보였다. 얼른 안아 들고 들어갔다. 너무 늦어서 잘 받았다는 전화는 다음 날로 미루고 잘 붙인 테이프를 뜯었다. 정말 한 입에 먹기 좋은 고구마만 골라서 보낸 것 같았다. 작은 주먹보다 클까 말까한 고구마는 색깔도 적당히 붉어 여간 탐나지 않았다. 일단 자리를 찾아 앉히고 잠을 청했다.

새벽 세 시였다. 여명이 트기 전에 나는 무슨 짓을 하려는가. 내가 하면서도 어이가 없었다. 고구마 박스를 열었다. 신문지에 잘 싸여 적당한 수분도 있었다. 열 개를 꺼내 조심스레 씻었다. 아랫집에 물소리가 날까 봐 하나씩 그릇에 담아서 수도꼭지 가까이 대고 최대한 소리를 죽였다. 찜솥은 고구마를 찌고, 나는 고구마에 관한 글을 쓰기 시작했다. 글보다 먼저 익은 고구마는 글을 재촉했다. 고구마가 익어갈 때 뚜껑으로 나오는 김처럼 술술 나오는 글이면 얼마나 좋을까.

고구마가 먹고 싶어 안달이 났으나 참아야 했다. 지금 이 열정으로 '고구마'의 완성도를 높여야 했기 때문이다.

생전에 친정어머니는 고구마를 꼭 준비해 놓으셨다. 막내딸이 좋아하는 걸 아셨다. 겨울이면 겨울대로 여름이면 여름대로 즐겨 먹는 것에 한몫해 주신 어머니가 그립다. 고구마를 보내 준 후배에게 친정어머니 같다고 하였더니 부끄럽게 웃던 지난해 겨울이 엊그제다. 소화도 되기 전에 또 고구마를 받게 되었다. 후배에게 뭐라고 감사해야 할까. 아무것도 해 준 것도 없는데…. 일단락이 끝난 글에서 손을 놓고, 식었는데도 습관처럼 후후 분다.

3부

베란다

작은 화분에서 자란 호접란이 꽃대 두 개를 올렸다. 아래에서부터 피기 시작한 꽃은 꽃대 끝으로 향하며 조롱조롱 피는 것을 보면 사랑스럽기 그지없다.

5월부터 시작한 꽃피우기 작업은 8월의 마무리 시점에도 끝나지 않고 있다. 가만히 들여다보면 볼수록 예쁨에 반하여 판타지에 젖어 든다. 그 낭만의 분위기는 가끔 일시적인 반동형성으로 바뀌어 나의성찰로 이어지기도.

나의 이러한 수동적인 감상성이 호접란 곁에 사는 꽃나무들한테 이미 들켰음에도 눈치 없이 또 호접란 앞에 쪼그리고 앉는다. 사랑의 균형을 지키고자 지켜보던 일상이 바래지기 직전이다. 그럼에도 폰을 열어 여러 컷, 이런 자동적 소란을 치루고 나니 왠지 머쓱해져 상실의 경험을 자기변명으로 사용한다.

몇 달 전에 지금과 같이 꽃대를 올린 호접란 한 그루를 잃었다. 너무 예쁘고 참하기도 하여 그늘이 익숙한 거실에 두고 보았다. 내 나름 이상공간이라고 데려다가 두고 본 꽃이었다. 그런데 어느 날부터 시름시름 앓는 기미를 보이더니 꽃은 물론이거니와 잎사귀까지 녹아내리고 만 것이다. 정말 손쓸 틈이 없었다. 얼마나 황망했던지.

그런 연유에서 호접란이 조심스러워졌다. 물조리개 주둥이를 언제 대 줘야 할지 고민하게 되고 나의 감상성은 절제를 요구 받는다. 속으로만 예쁘다고 절창하고 밖으로는 외면해야 하는 무력함을 내가 자초했으므로. 인내할 수밖에 없다.

그러나 꽃이 발하는 발산, 그 평온의 효과가 정서적 감염력을 보일 때는 서사의 극적 방법이듯 자연스럽게 혼잣말이 아닌 〈참 예쁘다〉라고 환호하여 예쁨을 확대시킨다. 베란다의 흰 벽을 화사하게 하는 꽃을 향하여 자동적으로 나오는 그 예쁨을 에둘러 어떻게 말할 것인가.

지성을 지향하던 시인 T.S.엘리엇도 참을 수 없어 말해 버리고 말았던 직설에 잔인한 4월이 있듯이, 나에겐 참으로 잔인한 8월이 진행 중이다.

나는 직설이 헤프다. 특히 사랑을 표현할 때. 그동안 베란다에 사는 나무들의 예쁨에 나는 절제를 잃고 직설을 아끼지 않았다. 그런 상황을 나무들도 익숙해져 있다. 싱싱한 푸른빛이 돋보일 때 그 푸른 빛깔에 상쾌해진 기분을 숨기지 않았으며, 진잎 없이 잘 자라 주는 군자란을 향해 군자답다고 했다. 그뿐인가 서황금꽃이 깨알 같은 열매를 맺을 때 나의 외로움은 사치가 되어 사라졌을 정도로 빠졌다.

그런저런 예쁨으로 우리 집 베란다는 나의 상실을 채워주는 공간이 되었다. 그리고 평등을 공존케 하는 정신을 일깨우는 이상공간으로 확장되어 그 결과로 나의 삶을 융통성 있게 하고 있다. 참으로 작은 공간의 실체가 나의 우주를 짓고 있는 것이다.

나는 글을 쓸 때 소재가 없으면 베란다를 자주 들락거리는 버릇이 있다. 거기에서 연장된 행동으로 컴퓨터 속 빈 문서를 열고 다양한 글감을 타진한다. 썼다가 지우기를 반복하면서 이리쿵저리쿵 꾸시렁거리는 글로 채우다가 그중에서 가장 주도적인 글귀를 잡고 문패를 달아 놓는다.

가장 쓰기 좋은 현실의 정황이 베란다에 있으므로, 현실인식을 분명히 할 수 있다. 기억이든 추억이든 끄집어내야 할 때 나의 회복이 가장 빠른 곳으로 나의 베란다는 그렇게 나를 도우고 있다. 실험의 장소로도 충분하기 이를 데 없어, 글의 성취나 미학적 완결성을 끌어올리는 곳으로도 이름하고 있다.

가끔 베란다에서 차茶를 들고 앉으면 불현듯 고향이 떠오르기도 하고 풍요로웠던 삶, 불행에서 기인된 유폐된 자아와 그로부터 야기된 좌절, 그것들이 경계를 허물고 추억의 꽃으로 피어 한참 머물게 한다. 그런 베란다에 봄부터 시작하여이 뜨거운 여름 내내 잔잔히 꽃으로 꽃대를 완성해 나가는 호접란 꽃은 나의 서사충동을 일으키기에 충분하지 않을 수 없다.

지금은 급속히 열대야를 깨기 시작하는 천둥과 번개가 치는 자정이 지나고 있다. 태풍의 잔량에너지가 소리로 발산되는 모양이다. 회복되지 못할 절망의 소리이기도 하지만 다행히 길지 않다. 나는 잠시 숨을 죽였고, 일시적인 소란이 끝난 바깥은 비 내리는 소리로 추스르고 있다.

나는 나만의 유토피아적 감상에 젖어 글을 쓴다. 호접란 꽃으로 시작한 글머리가 머뭇거림을 끝내고 서사의 울림으로 중간 지점을 지나고 있다. 이쯤에서 갈등 없이 평화롭고 푸근한 침실에 들고자 한다. 고요한 여명과 새벽이 오버랩되는 쯤에 깨고 싶어 시간을 예약해 두고.

눈을 뜨면 정갈한 마음으로 나의 아침을 맞이하기 위해 베란다의 유리창을 활짝 열어놓고 밀어 둔 글을 꺼내어 다듬으리라. 베란다를 거쳐 오는 맑은 햇살을 받으며.

진화하는 수다

자매는 둘만의 수다로 하루를 시작한다. 아침수다와 저녁수다가 있는데 아침에는 아홉 시 반에 시작하고 저녁수다는 스물한 시쯤 시작한다. 이렇게 수다 사이클이 맞춰진 까닭은 형부의 간섭을 피한 것이다. 간섭은 관심이라서 나쁘지 않지만 “경상도 사람들은 시끄럽다”는 한마디에 자매는 삐졌다. 그럼에도 불구하고 하루에 한번 씩 하던 수다 횟수는 1일 2회로 백퍼센트 확장됐다.

언니는 나보다 일곱 살 많다. 책상도 함께 쓰던 시절이라 나는 언니가 읽는 책을 읽으며 학창시절을 보냈다. 대부분

명작이었으며 심리에 관련된 것도 있어 이해 못하고 읽어댔다. 언니와 동생 사이는 결혼 이후 환경이 달라도 통했다. 은연중에 무데뽀로 나가는 나의 고집도 언니에겐 통했으니 언니가 좋을 수밖에 없다. 그것뿐만 아니라 어머니의 음식솜씨를 닮은 손맛에 어머니의 그리움까지 보태어 때론 어리광을 부리는 것도 마다하지 않고 받아준다.

수다는 재미있다. 재미의 횟수가 늘어난 것이라고 해야 될 것 같다. 그러나 재미로만 늘어난 것은 아니다. 코로나가 예상외로 장기전으로 돌입하면서 시간 때우기 대용으로 금상첨화기 때문이다. 둘만의 채널엔 이상이 없다. 다루는 분야는 정치· 경제· 사회· 문화 등 다양하다. 해박함 또한 둘만의 평가에서 나오긴 하여도 현실에 접근하여 있고 미래지향적이기도 하고 위트가 있어 즐겁다. 두 명의 진행자는 죽이 맞아서 치고 빠지는 것에 부딪히지 않는다.

어느 날은 베란다를 장식하고 있는 식물성으로 진행했다. 누가 먼저랄 것도 없이 척척 들어맞는 것이 서로 키우는 꽃들의 종류가 비슷하여 앞으로 말해도 거꾸로 말해도 통한다. 한 편의 식물생태기가 탄생한다. 그러나 관리에 들어가면 언니를 따라갈 수 없다. 아기 얼굴 닦이듯 반질반질한 그 집의 꽃들을 내가 잘 알기 때문이다. 언니의 부지런함도 친정어머니를 쏙 빼닮아서 나는 따라갈 수 없다. 꽃의 상황만 나오면

"응, 그렇구나." 하며, 변죽만 울려 주는 고견의 애청자로 돌변하여 나의 발신 안테나는 조용해진다.

제라늄은 삼십여 년 전에 스페인에 갔을 때 인상 깊게 보았다. 그때는 외국여행이 활발하지 않을 때라 모든 것이 낯설었는데 어쩌면 평소에 낯익은 제라늄한테 정을 느꼈는지 모른다. 시선을 빼앗겼다. 사실 이전에는 관심이 없던 꽃이었다. 하지만 그곳에서 만난 그 붉은빛, 분홍빛 등은 예사롭지 않은 끌림이 있었다. 그런 연유로 런던의 공항을 떠나올 때 비행기 창밖으로 본 열렬한 노을빛에 눈시울이 젖었다. 나는 유럽 여행에서 제라늄의 그리움을 안고 돌아왔다. 제라늄은 자매의 수다에 다문다문 등장하면서 서로의 귀를 솔깃하게 하는 대상이 되었다.

형부는 저녁 일곱 시 삼십 분이면 주무신다고 선언하고 방으로 가신다고 한다. 한두 해의 습관이 아니기 때문에 스물한 시의 수다는 길지만 목소리를 낮춘다. 주무시는 형부를 의식해서이다. 우리의 수다를 위해서 잠을 일찍 청하시는 건 아닌지 의심하면서 또 작게 웃는다.

형부가 하시는 요리도 맛있다. 내가 간다면 미리 밥상을 직접 준비하신다. 일반적인 카탈로그에 있는 메뉴가 아니고 집밥에 어울리는 요리이다. 손맛에 일반과 다른 담백함이 있다.

"어떻게 만드셨어요?"

"그냥 실력이지~"

실력에 놀라는 나의 숟가락질은 흥이 났다. 그것을 살펴본 형부는 다음 식탁도 준비할 것임을 자연스럽게 예고했다. 나 또한 당연한 것처럼 자연스럽게 기다렸다. 그런데 코로나로 인해 대면이 불가능하니 안타깝다. 억지로 가면 되겠지만 혹시나 하는 염려 때문에 방문을 절제하지 않으면 안 되는 시기이다.

수다는 일차적으로 시간의 진화, 이차적으로 그에 알맞은 분배로 여행이 설정되었다. 코로나가 사라지는 상황을 눈앞에 두고 오대양 육대주를 옮겨 다니는 것을 쉽게 한다. 알프스를 넘는가 하면 안데스 산맥을 거침없이 오르내린다. 마치 세계지도를 보고 이야기를 하듯 보이는 세계지도에 둘은 빠진다. 그러다가 돌아오는 고향 이야기에 멈출 때가 많다.

고향은 마음의 안착이다. 서로 만나지 못해서 길어난 수다에 여러 곳을 삥삥 두르다가도 돌아가는 곳, 고향은 할 이야기는 많지만 말하지 않아도 되는 편안함이 있다. 수다의 채널이 안테나를 높이지 않아도 잡음이 없는 곳이 고향이다.

"언니야, 언니도 그렇지? 나도 그래."

향수의 수다에는 진화가 없어도 좋다. 옛것 그대로 더 깊이 하고 싶은 이야기들이 가슴에 수두룩하다.

길 위에서, 외따로

나는 거리에 대한 공감각이 부족하다. 그럼에도 내비게이션을 자동차에 부착하는 시기는 남보다 훨씬 늦었다. 동선이 뻔해서 내비가 필요 없다고 생각했고, 조용함이 사라지는 것이 일단 싫었던 것이다. 그리고 주도적으로 살겠다는, 기계에 대한 무조건적인 배타도 있었다.

그러다 보니 내비와 소통이 늦다. 시키는 대로 잘 가려고 해도 해석이 늦다. 내가 찍어놓고도 조금 멀지만 내가 아는 대로 가니까 따로 놀 때가 많다. 목적지에 다다랐을 때 더 실수가 잦다.

얼마쯤 남았다고 하는 그 감각에 부응하지 못해서 대부분 놓치고, 그때부터는 헷갈려서 헤맨다. 아직도 그렇다. 한두 번은 실수이겠지만, 아니 나에게 스무 번 정도는 실수라고 해도 그 도가 지나쳐서 이젠 습관이다.

스스로 길치임을 자인한다. 지도를 제대로 읽지 못하는 갑갑함을 고백해도 내 안에 든 고집이 문제다. 내가 알아서 잘 갈게라고 내비를 다독거리기도 하니 얼마나 갑갑한 노릇인가.

내비에 의존하지 않을 때는 머릿속에 그림이라도 그리고 다녔다. 그런데 이젠 아예 그 드로잉마저 안 하고 다니니, 길을 놓치고 나면 아득하다. 빤히 보이는 목적지를 눈앞에 두고 뺑뺑 도는, 방랑자가 되기는 순식간이다.

나의 길 잃기는 역사가 깊다.

내비가 없을 때의 일이다. 서울 강남에서 부천까지 가는 참이었다. 외곽도로를 타고 빠져나가는 길만 잘 찾으면 됐다. 어둑해지기 전에 도착해야 한다 싶어서 내 딴에는 바짝 긴장했다. 그러나 너무 기가 찬 일이 생기고 말았다. 출발지에 다시 온 것이다. 기다리던 사람들도 함께 진땀을 뺀 사건이다. 그 이후 아무도 다시 꺼내어 회자 삼지 않지만 정말 혼났다.

운전 중에 집중하지 않으면 길을 잃는 것은 다반사다. 외부적인 환경도 한몫한다. 노을이 깔렸거나 그보다 늦은 시간, 해거름일 때다. 가로등에 하나둘 불이 켜지면 더 바빠지는 마음에 실수 연발이다. 그때나 지금이나 저녁시간대 귀가로 아무도 간섭하지 않는데도 불구하고 내가 만들어 놓은 마지노선에 걸려 마음이 그렇게 되는 것이다.

이처럼 길 잃음에는 운전 중에 라디오를 듣거나 하면 심하다. DJ를 따라서 가다 보면 우리 집도 한 블록 놓치는 수가 지금도 행해지고 있다. 악습이다.

운전 중에 라디오 틀지 말기를 하지만 그 시간대에 음악을 듣지 못하는 것은 고역이다. 정히 그렇다면 음악을 들을 땐 실수하지 말기다. 은연중의 다짐이 약이 되어 다행이다. 이런저런 이유로 내비 잘 읽는 사람, 길 찾기를 잘하는 사람이 나에겐 부러움의 대상이다.

나는 '길'을 좋아한다. 항상 열려 있어서 좋고, 막혔더라도 돌아 나올 수 있어서 좋다. 또 놓쳤더라도 유턴이 있으니 얼마나 다행인가.

내 인생에도 유턴이 필요한 시기가 있었다. 서울까지 고속도로로 달려가는 것도 서슴지 않았다. 무작정 떠나고 싶었다. 길은 나를 위로했다. 훤하게 뚫려 있었고, 거기에는 막혀도 길 위에서니까 충분히 위로가 되었다.

부산에서 서울까지 너무 가까웠다. 폭설로 고속도로가 막혀서 거의 열 시간을 고속도로에서 발이 묶이어도 잔인한 겨울이 아니었다. 길에 관련한 나의 아량은 가없다고 해야 될까. '길'은 나에게 언제나 현재였다. 현재는 미래를 궁금하게 하지만 이 길에서 충실하지 않으면 길은 아득해지고 만다.

그래서 길을 잃지 않기 위해서 루쉰을 자주 초대한다.

중국 근대 문학의 개척자인 그에게 '길'에 대한 그의 생각을 듣는다. 그의 일대기도 예사롭지 않지만 '길'에 대한 그의 생각이 나를 사로잡았던 것은 이십오 년 전의 중국 여행에서였다. 그의 '길'은 퍽 인상적이었다. 그때 '길'에 대한 그의 생각들을 선물로 가져왔다.

"삶이 절망적으로 느껴질 때마다 땅 위의 길을 생각했다"는 것은 그 후에 나의 길을 생각하게 했으며, 지금의 나의 삶, 뼈대를 만들었다. "본래 땅 위에는 길이 없었다. 걸어가는 사람이 많아지면 그것이 곧 길이 된다."는 것 또한 감동이 아닌가. 그의 유언은 나에게 유언을 작성하게 한다. "나는 잊어버리고 자신의 생활로 해나가라. 그렇지 않으면 정말 바보 멍청이다." 이처럼 나를 자극할 수 있다니. 멍청이가 되지 말아야지.

뉴스 영상 속에는 꽃구경으로 인산인해다. 나는 어제도 가까운 길임에도 돌아왔다. 그 실수로 꽃구경을 다 했다. 오늘은 날씨가 쾌청하여 유혹 당하기 딱 알맞지만 외따로 희곡 맛을 보려고 한다.

언제부터 읽고 싶었던 책, 아이스킬로스 소포클레스 에우리피데스의 『그리스 비극』을 보고 엄중히 심판하기로 한 것이다. 비극의 경연에는 관객이 필요하다.

좁은 문

베란다에 나무의자 하나 내놨다. 셋이 다닥다닥 앉을 수 있는 의자인데 창밖으로 향하게 두었다. 집 안에서 옮겨 다니다가 제자리 옳게 찾은 모양새가 예쁘다. 시간적 여유가 있을 땐 거기에 앉아서 커피 한 잔 마시며 사색을 즐기는 의자가 되었다.

처음부터 집 안에 둘 적당한 장소가 마땅찮았음에도 불구하고 지나는 길에 즉흥적으로 구매했다. 거실에다 부엌에다 이리저리 옮기기를 여러 번, 그리고 긴 벽을 따라 길게 놓기 또한 여러 번, 모두 제자리가 안 됐다. 그러다보니 눈엣가시가 되기 시작했다. 남 주기는 아깝고 내가 쓰기는 불편한 그 것을 어디에 둘까 고심하고 찾다가 베란다에 놓은 것이다.

베란다에도 구조조정이 필요했다. 쭉 서 있는 화분들을 한 쪽으로 몰았다. 혼자 옮기기에는 좀 무거운 무게다. 세로로 세워서 의자 발아래 수건을 깔고 밀었다. 이가 없으면 잇몸으로 사는 일이 우리가 사는 일 아닌가. 사는 일에서 생긴 꾀로 나무의자는 베란다 주인이듯 자리 잡았다.

나의 그 의자 하나를 놓고 작은 카페라거나 내 기분 꼴리는 대로 부른다. 우여곡절 끝에 찾은 자리지만 근사하기 이를 데 없다. 물걸레로 닦고 마른걸레로 마무리하면 제법 반질반질하다. 주변에 있는 화분을 정리 정돈하였으니 품격도 높아졌다. 입소문을 냈다. 입소문이라야 언니한테 한 것뿐이지만 언니는 항상 잘했다고 하니까 내 만족이 크다.

수필 한 편 썼다. 제목은 「좁은 문」이다. 언니한텐 폰을 연결하여 내레이터 하면서 신이 났다. 내일쯤 조카한테까지는 소문이 들어갈 것이다.

이렇게 되기까지 나와 나무의자 사이에는 허무도 있었다. 인연이 있어 사오긴 했으나 제자리가 없어 처리를 고심하는 현실이 슬펐다. 좁은 집에 의자가 자리를 잡기에는 좁은 문이 되고 말았으니 말이다.

오늘은 커피 한 잔을 들고 앉으면서 잘 탈수한 덧버선 서

너 개를 펴 널었다. 어릴 적 어머니가 툇마루에다 항상 나물거리를 말렸다. 나는 나물을 말리듯 덧버선을 짝짝 펴서 띄엄띄엄 널었다. 열어 둔 창문 사이로 바람이 들어왔다. 시원한 바람이 옛날 적 바람처럼 머리카락을 날리고, 나는 어머니가 그러셨던 것처럼 감은 머리카락을 수건을 말아 감쌌다. 앉아서 앞산을 보니 그리움이듯 산안개가 얼핏 설핏 날아다니며 안개꽃을 피운다.

어머니는 해거름이면 아침처럼 마루를 깨끗이 닦으셨다. 나는 어릴 적엔 그때를 기다렸다는 듯이 마루 끝에 앉아서 발을 흔들곤 했다. 지금 생각하면 그 일을 즐겼음은 분명하다.

어릴 적 기억 하나를 꼽으라고 한다면 마루 끝에 앉아서 두 발 흔들며 놀기다. 그러나 그보다 마루를 닦는 어머니 모습이 좋았는지 모른다. 나무냄새가 배어 있는 그 마루 끝에 앉으면 저절로 콧노래가 나오고 저녁별은 나를 따라 빛났다.

마당 가운데 평상이 있었다. 여름에는 해가 지나간 그 이후의 시간은 평상에서 일어났다. 수박을 깨는 일이라든지 냉국수를 먹는 일이라든지 평상보다 더 편한 엄마 무릎에다 머리를 뉘고 하늘을 보다가 스르르 잠드는 일도 평상 위에서 일어났다. 이런저런 추억으로 쳐다보니 나무의자는 나의 추억을 베끼고 나의 낭만을 베낀 것이 아닌가 싶다.

올봄에 흙 다지기를 해준 호접란이 꽃봉오리를 달았다. 잎사귀가 그다지 싱그럽지 않았는데 호재다. 그 화분을 잘 닦아서 나무의자를 황금 분할하여 오른쪽에다 두었다. 누구한테 빼앗길 리 만무한데도 내가 앉을 자리를 콕 찍어 시집 두어 권 두었다. 찜해 놓은 것이다. 나무의자 하나를 베란다에다 내놓고 이렇게 말이 많다. 나에게 벌어진 이벤트라서 어쩔 수 없다.

사는 일이란 이벤트가 가끔 있으면 좋을 것 같다. 만들자. 수시로 아니면 계절마다, 그것도 여의치 않다면 연중행사로 기획하여 내가 사는 일에 응원을 해보자. 그 응원이 오래가면 좋겠지만 짧으면 또 어떤가. 이벤트는 만들수록 좋은 것이다. 오늘은 나무의자가 있어 든든한 하루다.

낙동강의 봄

출퇴근 때 낙동강을 가로 건넌다. 출근 시간은 바빠서 눈길을 돌릴 틈이 없지만 퇴근 때는 해 저문 시간만 아니면 좀 느긋이 돌아가면서 낙동강의 안색을 살피기도 한다. 강의 수면은 바람의 농도를 숨기지 않는 편이라 금방 표정을 읽게 한다. 바람 부는 날이면 낙동강은 마치 겉껍질을 벗어내려는 듯 물결이 요동친다. 그러면 나는 아프거나 그립거나 외롭거나 등 나에게로 번져 오는 것에 쓸쓸해진다.

낙동강의 안색을 가끔 살핀다고 하지만 낙동강에 대해 아는 것이 없다. 그저 좋아하여 관심이 많은 것이다. 보고 지나는 것밖에 하지 않으면서 지금 너무 떠드는 것이 아닌지 모르겠다.

그럼에도 흐리거나 공중에 새 떼를 날리는 화창한 날이면 강을 무심코 건널 수 없다. 흐린 날 뼈 다리 욱신거린다는 어머니의 말처럼 흐린 날은 낙동강의 통증이 궁금하여 지나는 길에 목을 쭉 빼고 잠시 안색을 살핀다. 새를 좋아하는 사람, 낙동강을 아끼고 사랑하는 사람의 영향도 있겠지만 평소 무심이 아니라 유심이었으므로.

오늘은 날씨가 흐리다. 황사가 나쁨으로 예보된 날이라 자동차 창문을 열 수 없다. 그런데도 이놈의 깜빡은 또 도져서 다리를 건널 때 자연스럽게 창문을 열었다. 가드레일 건너 저만치가 회색빛이다. 뿌옇게 기침하는 낙동강이 보인다. 출렁출렁 콜록콜록 낙동강은 밖에서 하고 나는 자동차 속에서 한참 했다.

안색은 표정에만 있는 것이 아니다. 말의 음색에도 있다. 낙동강은 말이 없다. 하지만 만날 때마다 말을 안 한 적이 없다. 음색은 내가 보는 것에 따라 다르지만 항상 정직했다. 낙동강이 알리는 것이 아니라 있는 그대로 보여주어 나는 받아들이면 된다. 아직 그 수면의 표정읽기에 지나지 않지만 날마다 다른 책을 쓰는 낙동강을 읽는 독자다.

며칠 전에는 철새들이 낙동강의 물길이듯이 길게 선 것을 보았다. 물론 물밑에서는 발차기를 멈추지 않았겠지만, 내가 보기에는 잔잔하여 요동이 보이지 않았다. 그와 다르게 날아들었다 날아나가기를 되풀이하는 고니 여러 마리의 멋진 폼을 나처럼 구경하는 듯이 보였다. 연달아 수면을 살짝 딛고 살짝 날아가기를 하는 추임새가 환상적이었으니까. 물에건 뭍에서건 몸매의 뽐냄은 다르지 않다는 불순한 생각을 털고 한참 그 광경에 넋을 뺐다.

가까운 사이일수록 안색을 살핀다. 건강과 연결되고 기분과 관계한다. 기분이 안 좋으면 신경을 건들 수 있기 때문에 미리 조심한다. 눈치 없는 것이 인간이냐는 말을 예사로 하면서도 예사로 들으면 안 된다. 우스개가 아닌 이상에는.

삼월이라도 바람이 불면 차다. 어릴 적엔 음력 2월의 할망바람도 몰랐고 벽에 붙은 달력이 삼월을 내놓으면 나에겐 봄이었다. 어머니한테 봄에는 당연히 치마를 입어야 한다고 우겨서 혼나기도 했다. 바지내복 위에 치마 입는 것을 좋아하지 않았으니 내가 고집을 부리고 버티고 섰으면 매를 들었다. 그래도 피하지 않았으니 어머니는 얼마나 기가 찼을까. 언니는 안달이 나서 말렸다. 지금 생각하면 어머니의 안색이나 언니의 안색을 살피지 못해 우울한 분위기를 연출한 해프닝이 봄에 많았다.

어머니는 화내는 일이 거의 없었다. 그러나 봄날에 남보다 먼저 치마를 입겠다고 우기면 화를 내셨다. 쑥을 제대로 캐지도 못하면서 봄이다 싶으면 쑥 캐러 나선다고 까불 때 화를 내셨다. 단호한 목소리에도 주눅 들지 않고 쑥 바구니를 챙겨들었던 것을 두고 어머니는 훗날 미정이 고집이라고 추억하셨다.

나는 유독 많이 병치레를 했다. 안색이 좋았을 리 없었으니 나의 바깥출입에는 어머니의 간섭이 많았던 봄이었다. 지금 나의 안색 안녕은 어머니의 사랑으로 만들어진 것이기에 어머니가 그리운 날이 많다.

입춘이 엊그제 지나갔다.

낙동강의 봄, 안색이 궁금하여 주말엔 오롯이 낙동강으로 시간을 내어 가봐야겠다. 공중을 무대 삼는 새 떼의 마지막 군무를 즐기고 물 위를 아슬아슬 날아다니는 새 떼 재롱에 박수 쳐 주고 싶다. 잠시 눈을 돌리면 수양버들 끝가지에 피는 파릇한 봄빛도 볼 수 있을 것이다. 낙동강에 피어 있을 봄의 화사한 안색을 따라 나도 봄을 챙길 마음의 준비를 해야겠다.

랑데부, 무궁화호

들떴다. 천천히 느긋하게 타고 갈 다정한 기차를 만나게 될 것에 들떴다. 집을 나서면서부터 물 찬 제비처럼 날아오른 발걸음이 화사하게 도착한 부산역. 북적거림이 사라졌다. 내 눈엔 띄엄띄엄 거리두기 지키기가 거의 만점이다. 기다리는 동안, 밤잠을 설치며 달군 연둣빛 풀무질이 식을까 수첩을 꺼냈다. 책 사이에 파묻혀서 누렇게 변한 종이가 기차여행의 기억 하나를 소환한다.

부산에서 서울까지 가는 기차를 탔다. 언니의 교복칼라가 눈부시던 여름, 초등학교 다니던 나는 언니의 손을 놓칠세라

꼭 붙잡았다. 반복되는 철거덕 소리를 들으며 엄마가 삶아 주신 계란을 깠다. 창밖으로 흘러가는 풍경을 눈이 빠지도록 보았다는 기억이 그것이다. 서울은 가고 싶은 곳이었으나 엄마의 허락이 더뎠다. 그때서야 처음 타본 무궁화호는 나의 들뜸 그 자체를 싣고 정말 빠르게 서울역을 찍었다.

부산에서 밀양역까지 사십여 분이 걸린다고 한다. 누가 보아도 집들이에 가는 일행의 모습이다. 슬슬 잘 풀리기를 바라는 휴지세트며 풍성한 보따리가 일반인들과 다른 모습이다. 드문드문 비어 있는 자리. 어지간하면 외출을 하지 않는 상황이니 그럴 만하다. 출근시간을 넘긴 여유로운 오전 10시가 막 지나고 햇살의 홍복을 누리는 빌딩들이 눈부시다.

"느립니다. 그렇지만 타 볼 만합니다."

밀양으로 이사 간 K시인의 말이다. 일행은 빠른 것에 익숙해 있는 몸 핑계 대지 않고 만장일치로 무궁화호를 선택했다. 느리다고 하더니 눈 깜빡할 새 구포역에 도착하여 정차, 1분 후 다시 철거덕철거덕 기차는 화명역에 닿아 1분을 또 소진한다. 객차 안은 덜컹거림이 있는 기차 바퀴소리만 있을 뿐인데 정겹다. 마스크를 살균하는 햇살이 드나든다. 봄볕의 분사가 창밖 왼쪽으로 흐르는 강 위에서 반짝인다. 수정 밭이다. 강물은 건너편 섶에서 내려오는 기차보다 긴 그림자를 띄우고 있다. 물금역 객사가 오른쪽에 닿을 때까지 4월의 엽

서를 그린 풍경을 즐겼다.

60초가 끝난 밀회. 기차는 천연덕스럽게 플랫폼을 밀어냈다. 스피커를 통해 코로나 극복에 동참해 달라는 당부의 말을 전해오니 마스크를 재정비한다. 콧김을 받아들이지 못하는 안경알을 다시 닦았다. 제철의 무게를 이기지 못하는 바퀴 구르는 소리가 요란하다. 곡각지점을 통과하는지 내 몸을 흔든다. 바깥의 동선이 약간 기울어 저쪽 언덕 아래에 붙은 작은 배가 물 위에 핀 꽃처럼 흔들린다. 이팝나무의 밥알들이 눈에 들어온다. 청보리가 익어 갈 무렵 피는 하얀 꽃으로 시장기를 해소한다.

삼랑진이다. 저 언덕쯤 친구의 밭이 있을 것이다. 두어 번 가본 그곳을 눈짓으로 찾아본다. 그녀의 밭이랑은 가르마보다 더 반듯했고 밭의 식솔들은 윤기가 났다. 부지런한 그녀의 성품을 보여준 밭에서 나는 채소 맛이 달았다. 근래에 남편의 병수발을 드느라 어려울 밭의 사정이 안타깝다. 샅샅이 찾아 눈짐작하기에는 기차의 움직임이 빠르다. 느리기는커녕.

밀양역이다. K시인이 딱 눈에 띈다. 훤칠한 노신사 한 분도, 일행을 위한 마중이 근사하다. 부산에서 밀양으로 이사 온 지 한 달여 정도인데 오래된 해후를 푸는 듯 인사가 뜨겁다. 서둘러 자동차로 이동했다. '외따로' 집이라고 했지만 찻길에서 이십여 분의 거리에 있는 정말 아담하고 예쁜 집이다. 잔디가 파랗게 깔린 마당에 들어섰다. 적당히 넓은 뜰에 담벼락처럼 선 정원수가 세련됐다. C사진작가가 준비해 온 플래카드를 베란다 난간에 걸었다. 두어 달 전에 K시인의 첫 시집 『창가에서, 풍경』이 출간되어 겹경사인 셈이다. 부부의 다정한 포즈에 인증 샷에 잔치는 잔치다.

흙 묻힌 K시인의 뿔 슬리퍼가 눈에 띈다. 뒤뜰을 개간할 때 신었으리라. 밭에서 입을 먼저 다시는 작은 새들의 부리가 손주들이 오면 줄 과실수에도 날아올랐다 내렸다 한다. 밭을 따라 흐르는 물소리가 반질반질하다. 장독대는 잘생긴 자갈밭 안에 있다. 수도꼭지를 틀었다. 쏴아 쏟아지는 지하수에 손등을 굴려보았더니 참 부드럽다. 다들 손 담그고 물장난치는 개구쟁이가 됐다.

"아무것도 없어예~"

나물무침에 풍기는 참기름냄새가 달랐고 오징어무침의 식초냄새가 달랐다. 찜 플러스 구운 고등어는 딱 내 입맛인데 팬 위에 굽히는 삼겹살, 쌈을 손대게 하여 푸짐한 밥상에 들락거리는 바람도 구수하다. 순서 없이 대기 중인 쑥떡과 단술과 갖가지 과일 등 상다리가 튼튼하다. 끝날 기미가 보이지 않는 무진장, J시인의 장독대 씻기로 끝이 났다. 송홧가루를 싹 씻은 장독들이 고동색깔을 드러냈다. 손바닥으로 두드려봤더니 무릇 햇살이 번진다.

K시인 남편의 안내로 주변 구경에 나섰다. 훤칠한 그를 따라 줄서서 걸었다. 저수지를 끼고 있는 동네는 지난 일요일엔 낚시하는 사람들로 붐볐단다. 도시를 일부러 떠나왔는데 반가울 일이 아니다. 대문을 닫지 않고 사는 그들만의 평화가 깨어지지 않기를 바라는 마음이다. 월요일의 저수지는 숨을 고르고 있는지 고요하다. 해 떨어지기 전 부산에 도착하자는 의견이 공감되어 다섯 시가 조금 지난 시간에다 차표를 맞췄다. 째깍째깍.

아쉽지만, 나섰다. 아름다운 집이 멀어진다. K시인이 칭하는 그녀의 옆방 손님에게 역까지의 전송에 감사드리며 다음을 약속했다. 그리울 땐 무궁화호를 다시 타기로. 다정한 기차는 부산으로 향할 땐 구포역만 들렀다. 정해진 행선임에도 약간의 피로까지 덜어줬다는 들뜸이다. 파란색 무궁화호와 다시 봄을 기대한다.

작은 효도

나는 모자를 잘 쓰지 않는 편이다. 모자를 쓰면 머리카락이 눌려서 그렇다. 단발머리에 가까운 스타일인데도 손질이 서툴다. 그런저런 이유로 여행갈 때도 모자를 준비하지 않아 땡볕에 곤욕을 치르는 일이 한두 번이 아니었다.

올가을 부산문인협회에서 문학기행 가던 그날은 달랐다. 일기예보에서 바람이 좀 있다 하고 기온도 좀 떨어진다고 하여 모자부터 챙겼다. 사 놓고 두어 해가 지났다. 섬유의 조성으로 겉감 모 58%, 나일론 27%, 폴리에스터 8%, 아크릴 7%인 겨울모자다. 철보다 이른 것을 챙긴 셈이었다.

남도의 강진으로 가는 날은 국가애도 기간인 10월 29일이라 모두가 차분했다. 시문학파기념관과 영랑생가의 코스는 여러 번 갔었지만 강진만 생태공원, 도암만을 끼고 내려가다 가우도, 한국민화박물관 코스는 처음이라 좀 들뜨기도 했다. 가우도 다리를 오갈 때는 바람이 너무 차서 모자가 체온을 유지하는 데 일등공신이기도 했다. 보는 사람마다 그때서야 잘 쓰고 왔다는 둥 입을 대기 시작했다. 항상 잘될 때를 조심하라 했는데 이 또한 해당될 줄이야.

다리를 건너오니 바위가 배경이 좋은 데가 있다고 하는 사진작가를 따라갔다. 세 사람이 갔는데 내가 성큼 그 위에 올라섰다. 순간적으로 뒤뚱거렸다. 자연석이 아닌 큰 암석을 쪼갠 그것들은 끝이 뾰족뾰족하여 날카롭기 이를 데 없었다.

쿠-다-당

한순간에 일어났는데 오른쪽으로 넘어지면서 오른쪽 빰이 납작한 암석에 부딪혔다.

'퍽'

추슬러서 일어났지만 그 소리가 찝찝했다. 오른쪽 머리 부분이 부풀어 오른 것도 마음에 걸렸다. 은근히 걱정을 안고 돌아오는 길은 유쾌하지 못했다.

다음 날 마침 막내며느리가 전화를 했다. 어제의 일을 말했더니 사진을 찍어보자고 권했다. 다음 날 또 전화가 왔다.

"머리에 의식이 안 가야 하는데 자꾸 의식이 가네."

"어머니 그러면 아범한테 말해 보겠습니다."

다음 주 병원 예약을 잡았다. '퍽' 소리의 충격은 시티 촬영으로 이어졌고 MRA를 통해 정밀 검사까지 갔다. 결과는 뇌에 꽈리가 두 개 있다는 것이다. 뇌에 꽈리? 처음 듣는 용어였다. 그 이후의 일은 의사인 막내아들이 담당의사와 진행했다.

시술을 위해 14일간 약을 복용했다.

시술 전날, 입원을 앞둔 자정은 달랐다. 마치 작별이라도 하는 듯이 글을 썼다. 백지를 반 접어서 석 장을 써 내렸다. 끝까지 빈틈도 없이 메웠다. 눈물을 훔쳤다. 주마등처럼 스치는 지난 시간들 중에서 세 아들의 말 한마디씩을 독백하며 그 백지에 새겨 넣었다. 나의 가슴은 이미 밖으로 나와 뜨겁게 울었다.

드라마의 한 장면처럼 내가 사랑하는 가족들이 줄줄이 서 있었다. 아무 말도 할 수 없었다. 그냥 물끄러미 서로가 미소를 교환했다.

전신마취 전까지의 나의 긴장은 전신마취 중엔 그들의 몫이 되었던 것이다.

미안하다, 정말 미안하다, 걱정을 안겨서….

퇴원 후, 중환자실에서 92세라는 나이가 대단해 보였던 할머니가 떠올랐다.

"내 이름 자꾸 물으면 너 죽으면 지옥 간다이~"

"할머니 그래도 좋아, 할머니 이름 한번만 더 말해 주우."

간호사는 치매 때문에 이름을 묻고, 할머니는 놀린다고 생각하여 끝까지 이름을 말하지 않았다. 참 귀여우신 할머니와 애교 많은 간호사, 천사의 대화였다.

친정어머니가 94세 때부터 바깥출입을 않으셨다. 휠체어를 준비해 놓고도 한 번도 타지 않으셨다. 그러나 가끔 우울해 하셔서, "우리 엄마 대단하시다."라고 언니와 수시로 엄지척을 해 드리면 방긋이 웃으셨다. 그것이 작은 효도는 되었을까?

어머니의 96세 운명 장소였던 중환자실에서 나는 휠체어를 타고 나왔다.

신선대 조망대에서 부산 훑어보기

부산광역시 지정 기념물 제29호에 의하면, 신선대는 우암 반도의 남단에 자리 잡고 있다. 화강암 길로 된 해안이 파도의 침식을 받아 발달된 해식절벽과 해식동굴로 절경을 이루고 있는 곳으로서 용당동 해변의 왼쪽 기슭에 위치한 바닷가 절벽과 산정을 총칭하여 말한다고 한다.

마침 시월 초입이라 걷기에도 쾌적한 날씨여서 나무계단 능성으로 올라가기로 했다. 질러가고자 하는 욕심과 정상에 빨리 닿고자 하는 바람으로 시작한 나는 평소 체력관리를 게을리했던 것이 후회가 되었다.

같이 출발한 다섯 명의 일행 중 오를수록 유독 나만 가쁘게 숨을 쉬었고, 마침 송림 숲에서 뿜어내는 산소의 공급이 아니었으면 그 길을 포기할 뻔했으니 무안하기도 했다.

숲속에는 상록활엽수가 물들어가는 숲속 풍경과 지저귀는 새소리에 사운거리는 마음은 해발 170미터의 중간 고지에서 잠시 발걸음을 멈추었다. 그리고 신라 말 최치원이 신선이 되어 유람했다는 길, 그 발자취를 따르는 것에 대해 나름의 의미를 부여해 보기로 했다.

최치원은 신라 말기의 문신, 유학자, 문장가이다. 868년 당나라로 건너가 과거에 급제한 후 당나라의 관료로 생활하였다. 귀국하여 겪은 많은 우여곡절이 있었다. 특히 골품제의 한계와 국정의 문란으로 당나라에서 배운 자신의 뜻대로 펴볼 수 없었음은 후세의 비극이라는 생각이 들었다.

신선대, 이곳 산세는 못을 둘러싼 용의 형상과 같다고 하여 용당이라 불렀다고 전해진다. 숲길 주변을 아무리 둘러봐도 숲에 싸여 있어 나는 용의 어디쯤에 있는지 알 수 없어, 역린을 건드리지 않기 위해 계단 중심을 피해 앉았다.

나뭇가지 사이로 들어오는 햇살에 신비로움이 느껴졌다. 용의 비늘이듯 반짝거리는 숲, 신비롭기까지 한 것은 최치원의 향기 때문일 것이다. 문장가가 스쳐간 각별한 길에서 발동하는 상상 그것은 그에 대한 신비며 흠모였다.

해풍이 스쳤다.

숲속에 작은 흔들림 같은 바람이 데려온 기척이다. 선생께서 산속에서 삭거독서하며 지냈던 고독을 상상하며 시간을 보내기에는 오늘이 아니라고 충고하는 것 같았다. 다시 서둘러 계단을 올랐다. 숲이 빠져나간 정상에 닿으면 용의 승천이 어쩌면 있을 바다를 기대하며.

앞서가던 일행은 계단 위 저만치에서 아래를 내려다보며 기다리고 있었다. 침묵의 사유를 자유에 맡겨준 일행의 배려에 감사하며, 그들이 끄는 손길을 느끼고 빠른 걸음으로 올랐다. 드디어 우리들을 기다리고 있던 정상에 도착했다.

신선대에서 조망되는 부산 훑어보기의 시작점이 여기였으니 반가울 수밖에 없었다. 일단 바다를 확인하고 가쁜 숨을 진정시켰다. 그런 다음 무제등으로 표시된 말뚝 이정표 앞에 섰다. 이정표는 왼쪽으로 백운포가 1.6㎞이고 오른쪽으로 유엔기념공원이 3.2㎞라고 친절하게 적혀 있었다.

정상은 동서남북, 사방팔방이 다 뚫려 있었으며, 부산이 한눈에 들어왔다. 사실 내가 선 자리에서 한 바퀴 뻥 돌았더니 부산이 다 들어왔다. 그러나 천천히 훑어보아야 했다. 바다는 바다대로, 산은 산대로, 빌딩은 빌딩대로, 아름다운 부산을 자랑스럽게 하는 그 자체였으므로 아주 천천히 자세히 보아야 했다.

뱃고동 소리가 낭랑히 들려왔다.

북항의 감만 부두에 즐비한 컨테이너가 국제적 항만의 경쟁력을 보이고 있었다. 자성대가 그 가까이에서 내륙의 길을 잇고, 영도 봉래산은 손만 뻗으면 닿을 만큼 가깝게 보였다. 우리들은 서로 손을 내밀어 쭉쭉 뻗는 장난기를 발동하였다. 빈손의 허무를 웃음으로 날리고 조도로 들어가는 길을 찾았다. 방파제처럼, 다리처럼 보이는 해양대의 캠퍼스로 가는 길, 생각보다 길다는 것을 확인했다.

태종대도 손끝 저만치 있어 보였다. 이곳에서는 나의 공감각이 떨어져도 좋았다. 황령산과 금련산은 숲의 숨소리도 들릴 만큼 가까이 있었고, 어깨를 서로서로 아우르고 있어 다정했다.

나의 시선은 신선대 옛 군 포진지에 닿았다. 잠시의 침묵이 일행들 사이에 흘렀다. 역사의 현장에서는 서로의 간섭이 없어야 하는 시간이 필요했다. 서로가 그랬다. 메모지에 글을 쓰는 일밖에, 할 것이 없는 것이 아니었기 때문이었다.

다시 오륙도를 찾았다. 방패섬과 솔섬 사이에 밀물 때는 6개 섬으로 보인다고 하니 지금은 어떠한지, 보아야 한다고 오륙도에 손끝을 대고 너도나도 세어 보기로 했다. 아동적인 손가락의 율동에 빠져든 우리들의 숫자놀이, 한바탕 웃고 나서 다섯 개든 여섯 개든 따지지 말고 오륙도라 부르기로 합

의했다.

시선을 수평선 끝으로 돌렸다. 손차양하여 혹시나 하며 찾아보는 대마도는 보이지 않았다. 오늘도 맑은 날씨인데 꽤 맑아야 하나 보다 싶은데 의외로 조금 흐려야 보인다고 하니 아이러니다.

용당포가 서양에 처음으로 소개되었던 것은 1797년이다. 영국 범선 프린스 윌리엄 헨리호가 8일간 식수와 부식 공급을 받기 위해 머물렀다. 함장 윌리엄 로버트 브로튼이 편찬한 북태평양 항해기에 용당포에서 채록한 우리말 38단어가 수록되었음이 그때 알려지면서부터였다.

올라갈 때는 힘들어서 천천히 걸었고 내려올 때는 아쉬워서 천천히 걸었다. 나무계단 옆에 저마다 예쁨을 보이고 있는 풀꽃들의 시선을 따랐다.

산봉우리에 있는 무제등이라는 큰 바위에 신선의 발자국과 신선이 탄 백마의 발자취가 남아 있는 데서 유래되었다고 하는 신선대. 신선대는 부산 시내 어느 곳에서 출발하든 가깝게 있었다.

최치원 발자취가 있는 신선대 조망대에서 부산을 자세히 훑어보면 부산을 더욱더 사랑하게 되리라는 나의 소견을 적고 산을 빠져나왔다.

4부

쉼터는 어디인가 | 경주 산책 | 시월의 크리스마스 | 수제비도 수제비 나름
자동인형 | 베란다 교향곡 | 안녕, 할부지 | 맑은 날 아침을 위하여

쉼터는 어디인가

버스는 오전 7시 40분에 출발했다. 날씨는 봄날 중의 봄이지만 내 몸은 봄날이 아니다. 함께 가자고 한 약속 때문에 억지로 이끌고 나왔다. 햇살이 아직 강력하지 않은 시간이지만 색이 짙은 선글라스와 검은 마스크를 썼다. 거울 속의 내 얼굴은 내 얼굴이 아니다. 모자를 깊이 꾹 눌렀다. 평소와 다른 차림새에 일행들은 의아해한다.

차창 밖으로 봄은 와 있다. T·S 엘리엇이 말한 잔인한 사월도 중순이 넘어갔다. 잔인한 시절에 다 떨어뜨린 잎사귀의 흔적을 가시게 하는 나뭇가지 끝의 푸른 잎사귀들이 푸릇푸

릇하여 무릇 정당해 보인다.

아직도 마스크 시대다. 버스는 사회자의 안내가 있은 후 다시 조용한 무드로 부산을 빠져나간다.

목포까지 두어 번 휴게소에서 버스는 정차한다. 네 시간 남짓 걸려 도착한 광주에서 점심을 정식으로 해결한다. 광주 터미널에서 한 시간 사십여 분 가면 흑산도이고 홍도는 거기서 다시 삼십여 분 더 간다. 우리 일행은 곧장 홍도로 향할 것이다. 흑산도는 내일 들를 예정이란다.

파도는 잔잔하다가 광주를 떠나온 오십여 분쯤 되니까 한바탕 출렁거린다. 배가 지그재그로 움직이는 느낌이 전해와 팔짱을 낀 두 팔에 힘이 주어졌지만 잠시였기에 그냥 즐겼어도 되었는데, 나는 속으로 아우성을 쳤다. 파도는 언제 그랬냐는 듯 조용하게 포물선을 지나가게 한다.

홍도가 가까워질수록 해무가 짙다.

큰 바위가 우뚝우뚝 서 있는 홍도 해안에 닻을 내린 여객선을 뒤로하고 짐은 삼륜차에 실어 보낸다. 숙소가 꽤 머나보다.

가이드는 산장에서 여행객들을 모아놓고 두어 시간 걸리는 산행을 하든지, 그 반쯤 걸리는 산책길을 택하든지 하란다.

바닷바람은 제법 차서 옷깃을 여미게 한다.

고치산 산길을 탔다. 아이쿠, 중턱도 못 가서 포기하고 내려오는 뒤통수가 부끄러울 지경이지만 할 수 없다. 여러 가지 준비도 없이 출발한 여행이라서 섬 바람을 대비한 아무것도 없었으니 당연하다. 몇 사람은 차몽돌밭으로 향한다.

파도가 낮게 깔린 해무를 밀고 나와 신비로운 장난을 하는 곳이 바로 저기다. 그곳 가는 길, 포구에서 걸쭉한 가락이 들려온다. 어느 아주머니의 육자배기가 젓가락질에 맞춰 구성지다. 혼자면 그 가락에 울컥 눈물도 쏟아질 수도 있겠다 싶다. 그냥 지나치지 않고 앙-콜을 보내니 추임새와 함께하는 구슬픔이 인상적이다. 여행은 혼자보다 여럿이가 즐겁다.

싱싱한 횟감이 저녁식탁을 장식하고 있다. 양주와 막걸리와 맥주가 적당히 배열되어 있으나 반주 정도도 못하는 나에겐 그림의 떡이다.

얼마쯤 지나고 해무 속에서 지는 해가 반쯤 드러난다. 손만 뻗으면 닿을 것 같은 얼마 되지 않은 거리에 지는 해거름이 앵두보다 붉게 퍼진다, 바다 위에. 좀 더 잘 보이는 언덕으로 올랐다. 사진작가 C와 G 시인의 렌즈 앞에 섰다. 지는 해가 손 위에 얹어졌다. 역시 작가의 기질로 찾아낸 절경에 감탄한다.

다음 날 해무가 어제보다 더 짙다. 홍도를 일주하는 승선이 미뤄진다. 앞이 보이지 않는다. 부산으로 가는 것도 지금으로서는 말할 수 없다고 한다. 함께하니 두려움도 없다.

잠시 해안을 서성거릴 시간이 있다. 해무에 묶여 있는 것은 선박뿐만 아니라 우리들의 마음까지였지만 억지 여유다.

얼마쯤 지났을까. 승선하란다. 해무는 짙으나 언뜻언뜻 보이는 섬을 보는 것으로 만족해야 될 것 같다. 햇살 사이로 보여주는 것은 보고, 숨어 있는 것은 그대로 두고 우리 또한 자연스럽게 자연을 재촉하지 않는다. 느긋하게 자연을 따라가면서도 이야깃거리가 많다.

흑산도를 향한다. 홍도보다 해무가 엷다. 흑산도 일주는 버스가 고갯길을 돌때 나의 불안만 있었지, 구수한 전라도 사투리로 풍광을 안내하는 기사님한테 뜨거운 박수를 보내는 분위기는 들뜸이다. 이미자 가수를 뒤로하고 다시 꼬불꼬불한 길을 따라 내린다.

점심이다. 홍어가 일품이라고 야단인데 한 점만으로 끝낸다. 생애 두 번째 먹어보는 홍어다. 아무리 맛있다고 하지만 콕 쏘는 그 맛에 젓가락을 놓을 수밖에 없다.

물결은 잔잔하여 목포로 향하는 뱃길을 조용히 열고 있다. 봄볕도 퍼지고 있다. 홍도와 흑산도를 뒤로 밀어 보내는 객실은 조용하다. 그냥 눈을 감고 있을 참이다.

여행을 하면 삼시 세끼가 왜 그리 중요한지, 어제 점심을 해결했던 그 식당에서 저녁을 해결한다. 부산으로 돌아갈 버스가 시동을 걸었다.

여행 스케줄은 그대로 잘 이행되었고, 못다 본 홍도는 가슴으로 상상하면서 집으로 돌아간다. 창밖이 캄캄하다. 열한 시쯤 해산할 장소에 도착한다고 하니 눈을 감는다. 네 시간에서 반을 감내해 낸 지금의 시간을 서두는 나는 눈을 감는다. 정상적이지 않던 몸이 다시 앓기 시작한다. 빨리 도착하고 싶다. 가끔 떠나고 싶다고 했던 여행이지만 내 몸이 고단하면 떠나지 않는 게 좋을 것 같다.

그럭저럭 몸부림도 치다가 도착한 밤은 깊었다. 제일 먼저 여행을 추스르고 버스를 떠나왔다.

뚜뚜 비밀번호를 누르고 들어와 고양이 샤워를 끝낸 후 쏟아지는 잠을 잠자리에 놓는다. 편안한 쉼터의 안락함에 사라진 긴장, 좋은 꿈을 꿀 것 같다.

경주 산책

11월의 마지막 날이다. 가끔 썰렁한 바람을 느끼게 되면서 늦은 단풍마저 다 떨어지기 전에 가을 구경을 서두르자며 넷이서 나섰다. 올해 몇 번씩 개인적으로 갔다 왔다고들 하면서도 함께 찾아가는 목적지가 경주다.

경주는 봄은 봄대로 좋았다고 지난봄을 다투어 말한다. 벚꽃이 우거진 길을 따라 산책하면, 따라서 피어나는 청춘을 느낄 수 있다고 이구동성으로 입을 모았다. 서로 각자의 봄에 대해서 고백이듯 말하다가 창밖의 꽃이며 초록이며 향기와 빛깔이 완연한 봄 앞에서 늦은 자각을 하고 조용한 분위기로 돌아갔다.

지난여름에는 전국적으로 무척 가뭄이 심했다. 특히 경주의 인공호수는 밑바닥을 까칠하게 드러내어 작은 새가 물 위를 쫑쫑거리고 다니는 폼이 갈증으로 보였다. 지열을 가라앉힐 소낙비라도 예고 없이 와 주면 좋았겠지만 얄밉게 잘 맞히는 기상대에서는 그런 예보를 내놓지 않았다. 바람도 없던 경주의 여름 하루를 그렇게 보내고 돌아와서도 가 봤다는 것 자체로 위안이 됐던 경주 여행이었다.

사랑은 그리움이다. 사랑의 대상은 사람일 수도 있고 사물일 수도 있고 어느 특정한 장소일 수도 있다. 그리고 어떤 공간이면 또 어떤가. 사랑한다는 것에 누가 태클을 걸 수 없다. 각자의 취향이다. 우리 넷은 사랑의 취향이 궁합이 맞아 가끔 가까운 길 여행을 떠난다.

경주는 분지라고 초등학교 교과서 읽은 구절을 꺼내고 으쓱거리는 것도 봐준다. 지열이 높아서 뭐 어쨌다고 하는 것까지도 봐준다. 생수까지 잘 챙긴 자동차 트렁크를 열자 은근히 기대보다 못한 준비 보따리에 기가 막혀 한다. 그것 보고도 까르르 웃는 깍쟁이 개구쟁이들. 보따리를 지금 개봉하자고 재촉한다. 그러나 좀 더 있다가 먹으면 더 맛있을 걸, 놀랠 일이 있는데.

우리는 가을이다. 단풍보다 아름다운 마음으로 모인 넷이라고 서슴지 않고 까분다. 평소에 넷을 만나러 가는 날이면 즐거움으로 집을 나섰다가 즐거움으로 떤 수다가 옥신각신 하기도 하지만 헤어질 때는 아쉽다.

오늘, 출발하는 1박 2일 경주여행은 전과 다름없이 의기투합의 여행이다.

양동마을에서 시골인심의 배추와 알타리무를 선물 받고 원흥왕릉으로 갔다. 우사에서 흘러나오는 냄새의 마중은 반갑지 않았으나 도래송의 아름다움에 곧 잊었다. 자옥산 기슭에 있는 옥산서원을 들러 나와서 옥산천의 물소리에 귀를 씻고 외나무다리를 건넜다. 모과나무가 노랗도록 달린 모과를 보고 탄성도 같이 질렀다. 그렇다고 우리가 아무려면 자연 속에서 안하무인으로 소리 지르며 다니겠는가. 그만큼 표현하는 재주들이 있다. 첨성대를 본 후 숙소에 도착했다. 숙면으로 피로를 풀기로 했다.

다음 날 5시에 기상하여 토함산에 올랐으나 7시 6분에 떠오른다는 해는 볼 수 없었다. 구름에 쌓였다. 석굴암을 거쳐 석빙고와 수림수풀을 거쳐서 돌아와 아침을 해결했다.

동리목월 문학관으로 이동하면서 마음의 산책을 즐기느라 조용한 시간이 잠시 흘렀다. 각자의 메모지에는 뭔가가 채워져 가는 시간이다. 불국사는 예전 가을 그대로이듯 아직 아름다운 단풍이 우리들을 맞았다. 수리 중인 석가탑 옆에서

다보탑을 배경하여 기념사진을 찍었다. 석가탑의 안녕을 다음에 보러오기로 하고, 경주를 떠나왔다. 해가 기울지 않는 시간을 택해서 그런지 고속도로는 그다지 붐비지 않았다. 가벼운 산책이었으나 집을 떠나옴은 그것 자체가 피로인 것 같다고 하면서도 다시 산책계획을 잡는 너스레는 무어란 말인가. 경주야, 다시 올게.

시월의 크리스마스

빨간 모자를 들고 나섰다. 단양으로 문학기행을 떠나기 전에 모자 여러 개를 내놓고 고르다가 빨간색을 선택한 것이다.

언젠가 친구들과 여행 가던 중 휴게소에 들렀을 때 적당히 나이 든 여성들의 외투가 삼원색 일색이던 것을 보고 쓴웃음을 짓고 그 자리를 피했다. 그랬는데, 그런 후 몇 년이나 흘렀나. 어느새 나도 자연스럽게 빨간 모자를 고른 것이다. 제 눈에 티는 못 보면서 남의 옥을 티로 보는….

10월 초순인데 강원도와 경기도에도 단풍 소식이 없다고 한다. 내가 가는 충청북도 단양도 마찬가지 아닐까. 그럼에도 내가 먼저 단풍이 들어 떠난다. 우리가 예술 작품을 감상할 때 예술 작품이라고 불리는 대상 전부를 지각하는 것이 아니고 전부 지각해야 할 필요도 없다. 설령 단풍이 신의 예술 작품이라고 해도 그렇다. 아직 물들지 않은 단풍나무들의 뿌리들을 어떻게 빼 볼 수 있는가.

자갈치나 마트에 가면 빨강 돔 가시고기에 먼저 시선이 끌렸다가도 시장바구니에 담아오는 것은 검은색 줄이 짙은 돔이다. 립스틱을 사러 가면 빨강색에서 시선을 놓치지 않다가 정작 새삼 놀란다. 내 입술에 살짝살짝 찍는 빨간빛.

오늘, 문학기행 간답시고 까만색 외투에 빨강 모자로 치장했다. 참 화려한 외출이다. 원색의 화려함을 45인승 버스 속으로 구겨 넣었다. 모자는 한번 쓰면 종일 쓰고 있어야 하는 불편함이 있다. 모발이 눌려 벗을 수가 없기 때문인데 챙까지 넓은 빨간 모자는 나 혼자 속에 갇힐 수 있게 해서 좋다. 나의 시선이 숨을 곳이 있고, 꾸벅꾸벅 잠시잠시 졸아도 무안하지 않다.

단양 충주호는 참 오랜만이다. 추억은 없다. 언젠가 한번 가 봤다는 기억뿐이다. 어렸던 탓인지 젊었던 탓인지도 모르겠다. 1985년 충주댐에 의해 만들어진 인공호수다. 기암절벽의 기이한 풍경을 유람선에서 즐기기로 한다니 오늘은 자세히 볼 참이다.

도착하고 보니 이것저것 볼 것이 많다. 팔경을 다 보기에는 하루해가 너무 짧다. 단풍도 들지 않았는데 가을해는 나처럼 먼저 가을이 되어 예전보다 짧다. 2경 정도만 보아도 서둘게 한다.

청풍호수는 햇볕이 가을구름 속에서 내뛰지 않아 한낮임에도 불구하고 유람선 이층은 선선하다. 적당한 자리를 택해 양쪽 방향의 풍경, 절벽의 구력을 해설사가 일러주는 대로 따라 읽는다. 연방 터지는 감탄사, 사람들은 단풍을 잊고 미적 대상으로 진정한 실재를 보는 것이다. 폰 터지는 소리가 바쁜 선상에는 저어기 도담삼봉에 가닿아 안개를 타고 오르내리는 바람으로 시원하다.

배 위에서 흔들다리는 멀리 풍경으로 보고 지난다. 아름다움에 대한 찬양의 의미로 오랫동안 시선을 두었다. 멀어질수록 목을 더 빼고 보는 것이 인지상정이라 모두의 시선은 호수 골짜기에 있는 것처럼 보이는 흔들다리에 가 있다. 다 못 보고 남겨 두어야 또 올 테지, 다음을 약속한다.

여행 중에 선택과 집중이 있어야 함에도 단체여행은 그것을 허락하지 않는다. 개인적으로는 다소 불만이 있겠다 싶으면서도 카메라만 들이대면 만족한 표정을 짓는다. 손바닥만 한 폰 속의 풍경 속에 내 얼굴은 봉숭아 꽃잎 한 장보다 작다.

그러나 눈을 감지 않은 것만 해도 다행이다.

해가 짧다.

여행 중에 성급함이 들키는 가을해, 그래도 서녘에 다가가면 사선으로 머무는 아름다움은 모두의 관심 대상이다. 서산을 넘으면 금세 캄캄한 해거름을 내놓겠지만, 아직 고즈넉하게 왔던 길을 빤히 보고 있다. 안개 속에 자주 싸여 있기도 한 신비를 나는, 간절한 마음으로 지켜본다.

빨간 모자를 만지작거리는 바람을 살짝 피했다. 새삼, 가난한 사람들을 생각한 찰스 디킨스의 소설『크리스마스 캐럴』이 떠오른다. 나의 빨간 모자가 다가올 크리스마스에, 산타크로스의 빨간 모자로 변신하길 내가 바란다.

다시 한 번 모자를 눌러썼다. 이번 문학기행은 나의 빨간 모자 외출을 예사롭지 않게 한 기행 한 토막으로 새겨둔다.

수제비도 수제비 나름

나는 수제비를 좋아한다. 그에 못지않게 고구마, 옥수수, 감자 등 어릴 적에 많이 먹어본 것을 좋아한다. 보리밥도 좋아한다. 그러나 꽁보리밥은 그다지 좋아하지 않는다.

주위에는 수제비나 고구마, 옥수수, 감자 등을 싫어하는 사람들이 있다. 이유인 즉 어릴 적에 몸서리나도록 먹었다는 것이다. 심지어는 고생의 대명사 같다고 하며 아예 손도 대지 않는다. 물론 밥 대신 먹어야 하는 끼니 대용이었으니 그럴 만하다.

내가 고구마를 얼마나 좋아하는가 하면 영도로 이사 간 이웃이 고구마를 삶으면 내 생각이 난다고 했다. 고구마 삶은 소쿠리를 앞에 두고 있으면 갖다주고 싶다고 할 정도이다. 혹시 고구마 먹기를 허겁지겁 먹기라도 했나… 은근히 돌아보기도 하지만 재미있게 살던 이야기들이니 꺼내어 한참 수다를 떨었다. 고구마가 이야기를 만드는 것처럼 수제비도 이야기를 많이 만들었다. 유달리 그것들을 즐겼던 탓에 내가 그 동네를 떠나온 후에도 그런 음식들 앞에 생각나는 사람이 되었다.

며칠 전에 집에서 정말 색다른 수제비를 먹었다.

귀한 분인데 수제비가 먹고 싶다고 했더니 손매를 걷었다. 그냥 앉아 계셔도 내가 뭔가 준비해서 드려야 할 판인데 의외의 모습에 덩달아 흥이 나서 찾는 재료를 찾아내 주고 보조 역할만 했다. 육수를 내는 데 필요한 것들이라며 불러대는 야채를 냉장고에서 찾아내기는 했지만 그것들이 수제비의 육수로는 생각 못한 것들이다. 너무 생경스러워 어깨 너머로 자세히 보긴 했지만 혼자 하라고 하면 모르겠다.

마침 기장에서 유명하다는 반죽을 사 둔 것이 있어 다행이다. 사실 내가 수제비를 원할 때는, 간단하게 먹을 수 있는 것이 뭐 없을까 할 때에 수제비가 대체 끼니다. 멸치나 다시마, 양파 정도 우려낸 국물만 있으면 되니까 손쉬웠다. 그런데 이처럼 육수 만들기가 쉽지 않으니 앞으로 나의 수제비 대하기가 어려울 것 같다.

정성 들여 우려낸 육수는 맛이 달랐다. 맛을 낼 때 참치 액젓까지 넣기에 의아했는데 정말 의외의 맛이다. 듣도 보도 못한 수제비 맛에 시쳇말로 뿅 가고 말았다.

요리하는 것을 즐기는 것은 대단한 취미라고 생각한다. 물에 손 넣기를 싫어하는 게으른 주부인 나는 요리를 해볼 엄두를 지금까지 내지 않고 살았던 것 같다. 대강대강 대충대충 그래도 넘어가는 것이 부엌일이다. 반찬을 색다르게 하는 것은 그만큼 맛을 예사로 여기지 않는 성품에 있는 것이 아닐까. 엄지 척을 수십 번 해도 모자랄 판이다. 수제비 뜨기에 안성맞춤인 비 오는 날, 또 그 수제비가 먹고 싶다.

친정어머니는 갈치젓을 좋아하셨다. 인사하러 오는 친척들이 귀하게 구한 갈치젓이라고 가지고 오면 기꺼이 만족하시며 고마워하셨다. 내가 우스개로 나는 귀한 음식을 좋아한다고 해야겠는데 뭐로 정하면 될까 했다가 한바탕 웃었다. "엄마 귀한 걸 좋아하셨어야지 갈치젓 가지고 오면서 대단한 것 가지고 왔다고 유세 부리는 것 좀 보세요." 하며 눈을 흘기다 들켜서 혼났던 기억도 있다. 그때 왠지 근사한 선물이 아니라서 서운해서 그랬던 것 같다.

내가 좋아하는 음식을 아무리 바꾸어 보려고 해도 손을 꼽으면 고구마, 옥수수, 감자 그리고 수제비가 순서대로 들어오니 이제 바꾸기는 글렀다. 내가 나이가 더 들면 이런 것들 중에서 하나를 들고 오는 친척들을 친정어머니가 갈치젓을 보고 웃으시던 모습처럼 반갑게 웃을 수 있을까.

몇 해 전부터 친한 동생이 겨울이 되면 고구마 한 상자를 꼭꼭 보내온다. 자기 친정엄마가 애지중지 농사지어 보내온 것을 다시 택배로 보내오는 것인데 겨울 내내 간식거리로 일품이다. 옥수수도 냉동고에 대여섯 개 있다. 하나씩 쪄 먹으면 되겠지만 옥수수만큼은 여럿이 하모니카 불듯이 먹어야 맛있고 재미도 있겠다.

내일은 이웃의 동생뻘 되는 영주를 불러서 쪄봐야겠다. 예전처럼 맛있게 먹을 수 있을지 모르겠지만. 마침 옥수수가 별맛이냐 하던 여고 친구가 서울에서 전화를 했다. 옥수수를 이야깃거리로 꺼냈더니 피자 맛보다야… 한다.

생각 나름이다. 고생하던 시절에 먹던 음식이라서 싫으면 할 수 없다. 그러나 그것도 추억이 깃든 것이기에 그리운 것이다. 수제비도 수제비 나름이듯이 옥수수도 고구마도 감자도 그 나름일 것 같은데… 글쎄.

자동인형

동창생 박원순 소설가와 사량도를 드라이브하기로 했다. 통영시 도산면 가우치 터미널에서 출발한다. 바다 위에는 양식장을 표시하는 부표가 쫙 널려 있다. 황금어장이 풍부한 다도해의 풍경인데 3층 선실 밖에서 쳐다보니 아찔아찔하다. 양식장을 비켜 뱃길을 잘 잡아 가는 여객선이 신기하다. 갈매기는 포물선을 따라 꺄룩거리며 수면에 닿을 둥 말 둥 하기도 하고 하얀 포물선에다 주둥이를 찍으며 먹이사냥을 한다. 여객선은 출항한 지 삼십 분 만에 사량도 상동여객선 터미널에 우리들을 도착시켰다. 그 터미널 앞에 세워진 돌비석에는 "사량도에서 사랑을 합시다"라고 새겨져 있다.

사량도는 상도 하도가 있는데 두 섬을 이어주는 가교인 사량대교는 운치가 있다. 어디로 먼저 가볼까 망설이다가 우회전을 선택한다. 하도로 가는 방향이다.

사량대교를 천천히 건넜다. 우리를 위해 만들어진 다리처럼 정말 우리뿐이다. 스무 명 남짓한 사이클 동호회원들은 상도로 갔는지 안 보인다. 하도에서 쳐다보니 상도 여객터미널은 한산하다. 그런데 그 옆으로 엔젤호가 보인다. 뭍에 올라와 있는 엔젤호를 보며 추억을 떠올린다. 70년대 말부터 80년대까지 부산과 남해를 초스피드로 달렸던 여객선, 바다의 비행기라고 하여 관광의 대상이 되어 인기를 한껏 누렸다. 사량도를 사랑하는 고향사람이 엔젤호를 사서 고향에 기증했다고 한다. 낡기는 하였으나 예전 그대로 날렵한 모양새는 간직하고 있어 시동을 건다면 금방이라고 수면 위를 날을 것만 같다.

우리는 이정표를 따라 천천히 길을 따랐다. 길은 한적하다. 비는 오락가락하지만 윈도 와이퍼를 움직일 정도는 아니다. 준비해 온 커피향이 차 안에 깔리고 오늘은 '하도'만이라도 구석구석 훑고 가자는 우리 둘 일심이다. 숲으로 난 길을 빠져나오면 바다가 나오고, 바닷길을 뒤에 두고 숲길을 따라 오르면 숲은 숲대로 해무를 벗기고 있어 환상적이다. 사량대

교가 나타나면 또다시 돌아 들어간다. 두 번, 세 번 보면 어떤가.

오후 두 시쯤 비가 본격적으로 내리고 있다. '상도'는 다음으로 미루고 사량대교를 타고 여객선 터미널에 도착한다. 비 탓인지 해무 탓인지 선객들이 별로 없다. 두 마리 애견을 각각 안고 들어서는 두 사람은 모자母子지간인 것 같은데 비를 흠뻑 맞았다. 애견은 까만 눈동자로 우리를 주시하면서도 안락해 보인다. 수건으로 연신 닦아주고 털어주는 주인의 얼굴을 핥기도 하는 광경을 둘은 넋이 나간 듯 본다.

가우치 터미널에 도착한다. 비가 억수로 퍼붓는다. 도산면에서 원문고개까지 자동차바퀴를 위협하는 빗물이 앞 유리창을 때리기도 한다. 그렇게 거친 빗줄기가 그 고개를 넘어서니 언제 그랬냐는 듯이 가늘고 순하다. 통영은 고개가 많다. 고개란 언덕을 말하는데 이렇듯 변화가 많은 고개를 넘을 적마다 이야기가 많을 수밖에 없다. 고개를 기점으로 서로 다른 삶의 방식이 있기 때문이다.

통영시 항남동에 있는 수향水鄕은 정식이 맛있단다. 오늘은 뽈라구 조림이 메인이다. 짭조름하다. 어릴 적 어머니의 밥상과 같다. 통영식 반찬은 내 입맛의 고향이기도 하다. 사실, 통영에서는 어느 식당으로 가든 생선요리와 반찬이 일품이다.

식당을 나서서 여행이란 길 따라 거제도로 향한다.

홍포에 가서 1박 하기로 한다. 이번 여행은 전적으로 박원순 소설가가 프로그램을 짰다. 그녀가 제안하면 내가 두말없이 함께 하겠다고 했으니 그녀의 자동차가 달리는 대로 따라 움직이는 자동인형이다.

거제 동부면을 거쳤다. 차창 밖에는 거제도 풍경인데 마치 통영인 것 같은 착각이 들 정도로 닮았다. 편안한 바닷길이다. 계속 달렸다. 동부면은 중학교 때 친구랑 시냇가에서 멱을 감다가 깊은 곳인 줄 알고 놀라서 허우적거렸던 기억이 있는 곳이고 논에 들어갔다가 거머리가 붙어서 혼비백산한 곳도 이곳이며, 누에고치를 처음 본 곳이기도 하다.

홍포는 통영에서 두어 시간 걸렸다. 몽돌 벽의 아담한 이층집은 도로변에 있어서 찾기가 쉬웠다. 주인이 현관 열쇠를 현관 옆 물통 밑에 두었다고 했나 보다. 물통 밑을 뒤지는 것을 보고 영화 닥터 지바고의 한 장면이 생각났다. 지바고와 라라가 약속한 열쇠 장소는 벽돌 속이다. 벽돌 한 장을 빼면 되는데 뜻밖에 쥐가 먼저 튀어나왔다. 관객도 놀란 그 장면, 우리에겐 그런 스릴은 없었다.

TV도 없다. 다만 창밖에는 집보다 낮은 언덕이 비 온 뒤의 바람에 젖어 있고 작은 새가 뛰어놀고 있다. 살짝 나온 햇살도 저녁을 준비하는지 바쁘게 나왔다가 구름 속으로 사라진

다. 우리는 오리고기를 철판에 노릇노릇 구웠다. 간단한 야전 반찬과 주인이 준비해 둔 팥밥으로 마치고 입가심으로 맥주 한 잔을 받아 두고 주인이 쓴 에세이집 한 권을 들었다. 천천히 밤을 보내기 위한 준비가 끝난 셈이다.

다음 날 아침 여섯 시쯤. 창문을 열어보니 바다 멀리 섬 하나가 아른거린다. 밑자락에 깔린 해무 탓이겠거늘 하면서도 사라지지 않는 그리움, 섬은 나의 아침을 그렇게 두근거리게 했다.

간단한 과일과 커피로 때운 아침, 여행길을 따라나섰다. 어제와 다른 방향으로 길을 틀었다. 여차와 홍도 해안의 바다는 부지런히 반짝이며 무늬를 만들고 있다. 내가 멈추어 선 포토 존에서 가까이거나 먼 수평선이거나 아찔한 빠삐용의 절벽을 연상케 하는 절벽 아래의 백사장이거나 모두 비경이다.

영화 '한산'에서 빛나던 견내량, 한산대첩을 세계 4대 대첩으로 만들었던 그곳을 지나서 통영에 도착한다. 고등어 졸임이 맛있다는 집으로 가 아침 겸 점심을 해결했다.

친구 사무실에서 볶은 커피 한 잔을 마시고 난 후, 여행의 피로를 잠시 푸는 졸음을 해결하고 나왔다. 참 오랜만이다. 운전대를 놓고 편안한 마음 하나로 따라간 여행, 나를 위한 에너지가 되어 집에 도착하자마자 글 속에 여행을 찍는다.

베란다 교향곡

얼마 전에 삼봉 일행이 입주했다. 삼봉은 산꼭대기에 뾰족하게 솟은 머리가 산마다 수려할 뿐만 아니라 같이 들어온 수석 네 점도 각각의 모양이 빼어나다.

수석에 대한 시선이 바뀌자 원래 베란다 구석을 돌던 돌들의 위상도 달라지고 있다. 좌대를 잃는 바람에 베란다 수도꼭지 아래에 눕혀져 수세미나 비누를 얹는 데 쓰였고, 다른 여러 것들도 화분을 장식하는 것에 몸을 내줬는데 이들이 제대로 앉을자리를 찾게 된 것이다.

오늘은 작정하고 그들 몸 닦기 작업에 들어간다. 깨끗한 수건을 꺼내 깔고 돌들을 눕혔다. 손바닥에다 오일을 흘려서 닦은 후 부드러운 천으로 오일을 정리했더니 허했던 모습을 벗는다. 진하게 혹은 연하게 오디빛깔을 드러내는 돌, 때깔이 달라졌다. 그동안 유목민처럼 살던 거친 행색을 떨치고 삼봉이 일행과 나란히 앉으니 인물이 훤하다. 자리가 인물을 만든다고, 모처럼 잘 찾은 자리에서 돌은 존재를 회복한다.

나는 그 사람이 좋다고 말할 때, 언제인가 보았던 제자리 찾아 앉기를 잘 하는 사람. 인상 깊은 아름다움이었기 때문인지도 모른다. 자연도 제자리에 잘 앉은 것이 안정감을 주며 주목하게 하지 않는가.

제라늄은 붉은 꽃과 분홍 꽃의 어우러짐이 한창 예쁘다. 잎사귀를 만지면 독특한 냄새가 나지만 그 독특함이 벌레를 쫓는 게 아닌가 싶어 창문을 열어 나무 사이에다 바람길을 터 준다. 그 옆에 크고 작은 화분 꽃에도 영향이 미치기를 바라면서.

연말 장식에 잘 쓰이는 침엽수에 종을 세 개 달아 둔 지 몇 해다. 베란다에 들고 날면서 장난스럽게 나뭇가지를 흔들면 땡그랑 땡그랑 소리를 내고 물고기가 지느러미를 친다. 자연의 운행을 보는 듯하여 '한 번 더'를 계속해 여러 번 듣기도 한다.

서황금 화분에 중지 두 마디쯤 되는 키에 팔짱을 낀 돌하

루방이 당당하게 섰다. 컴퓨터 앞에서 일하는 나를 향해 왕방울 눈을 부라린다. 나의 게으름을 경계하기 위한 조치였음에도 눈이 마주치면 싱겁다. 이처럼 베란다에는 여러 이야기의 하모니가 있다.

호접란이 꽃대를 두 줄 늘어뜨렸다. 까만 몽돌 하나를 반질반질 닦아 화분 턱에 괴었더니 내 마음이 편안하다. 앙 다문 꽃잎이 스르르 열리면 나비들이 훨훨 날아 나올 것이니 생기(精)가 돈는다. 물수건으로 잎사귀 구석구석을 살피고, 햇빛 고루 들기를 바란다.

그뿐만 아니다. 화분 사이에 물동이를 이고 있는 여자가 있다. 그 여자는 아프리카에서 스페인 마드리드로 건너와, 내가 마드리드에 갔을 때, 선물 코너에 있었다. 서쪽 끝에 살던 여자가 동쪽 끝에 사는 여자를 따라온 셈이다. 이젠 삼십여 년의 세월이 흘러 장신구도 옷도 낡았지만 물동이만은 이고 있다. 평화롭다. 선인장 몇 또한 물동이에 있는 물을 대기 중에 먹고 사는 거라 상상한다. 어쩌면 그 여자는 우리 집 베란다 꽃들의 갈증을 해소하는 의식을 날마다 치르고 있는지 모른다.

나는 외출하고 들어오면 동굴 속에서 진정한 자유를 찾으려는 것처럼 베란다를 샅샅이 살핀다.

여명을 지우는 시간, 새가 지저귄다.

베란다로 나가 바깥 창문을 더 활짝 열고 허공을 살핀다. 허공에 깔린 어둠이 아직 새들을 감추고 있다.

우리 집 베란다는 돌은 돌대로, 꽃은 꽃대로, 바람은 바람대로, 소리는 소리대로, 나는 나대로 여러 가지 일들을 치러내고 있다. 이 새벽은 난蘭의 향기가 미명을 걷어내고, 나는 자부심과 오만 사이의 아슬아슬한 이중주를 보이면서 베란다의 시간에 공을 들인다.

안녕, 할부지

오후 세 시 반에 롯데시네마에서 만난다. N수필가와 만남은 여러 차례 약속이 무산되는 끝에 이루어진 것이다. 우리는 늘 각자의 시간에 쫓기다 보니 좀처럼 시간을 맞추기가 여의치 않았다. 실제로 마음의 여유가 없던 탓이기도 하겠지만 마음이 넉넉한 그녀가 항상 양보하는 편이다. 오늘은 수업을 마치자마자 서둘러 나섰다. 만나고자 하는 마음이 앞서서 시간을 타이트하게 잡은 내 탓이다. 그런데 티켓까지 준비하고 기다리고 있다.

선수를 쳤다고 농담 반 진담 반 던지고 반가운 인사를 서로 건넸다. 우리는 복잡하게 얽힌 스토리보다 리얼 액션보다 푸바오 다큐영화 '안녕, 할부지'를 선택했다. 마침 개봉 첫날이라 관객으로서 의미가 있겠다고 잘 선택했음을 자화자찬하며 2관에 입장했다. 뭐지? 두리번두리번하며 다시 티켓을 확인하려고 하다가 한두 사람씩 들어오는 것을 보고 멈췄다. 다행이다. 그럭저럭 볼 만하게 자리가 잡혔다. 나는 영화관에 오면 왜 이렇게 쓸데없는 데 신경이 쓰이는지 모르겠다. 흥행이 되고 안 되고는 나와 아무 상관이 없는데도.

개봉 첫날 관객은 푸바오를 지극히 사랑하는 사람들이 아닐까. 사실 나는 푸바오에 대한 이야기를 건성으로 들었으므로 오늘 이 자리는 좀 어색하다. N수필가와 시간을 함께하기 위한 조건에 불과했으니. 상영되기 전 팝콘을 먹으며 푸바오를 기다렸다. 그동안 푸바오를 자세히 본 적이 없기 때문에 궁금해지기 시작했다. 푸바오를 외면한 것은 동물을 사랑하지 않아서가 아니다. 저렇게까지 할 이유가 뭐 있다고 하는 냉소가 은연중에 나를 지배하고 있은 까닭 때문이다.

초등학교 2학년이었을까. 학교에서 돌아와 보니 백구가 없었다. 백구가 무척 나와 친하기도 했으니 없어진 것은 나에게 큰 사건이었다. 그 당시 남동생이 홍진을 앓고 있었다. 부모님이 할 수 없이 택한 것이 백구를 떠나보내는 것이었다는 것을 나중에 알게 됐다. 이해는 못했지만. 그 장소를 알고 뛰어가 보니 거기 그대로 있는 것이 아닌가. 백구는 꼬리를 치고 나에게 달려왔다. 그 당시 우리 백구의 환경은 애완견이라기보다 집을 지키는 바둑이였다.

영화가 시작됐다. 푸바오 부모가 오는 날이다. 비가 내리는 날이었다. 팝콘 먹던 행위도 멈추고 콜라 한 모금으로 목젖을 씻었다. 꼬르르 넘어가는 소리도 얼마나 크게 들리는지, 몸을 움츠렸다. 모두 진지하게 집중하는 관객, 푸바오를 사랑하는 분위기가 시작부터 확산됐다.

푸바오의 여정은 푸바오 부모가 중국으로부터 오면서 시작이다. 태어날 때 손바닥보다 작던 푸바오, 지금의 덩치를 어떻게 상상할 수 있었겠는가.

할부지와 사육사들의 정성이 관객을 이끌고 있다. 나도 슬슬 빨려갔다. 어머나, 저렇게도 했단 말이지. 속으로 감탄이 늘어났다. 소통을 위한 과정에서 눈에 띄게 부각되는 것은 기다림이었다. 천천히 기다려주는 것이었다. 푸바오의 긴장은 사라졌다.

재롱도 늘어났다. 대나무 통을 적당히 잘라서 연결해 놓은 곳을 디디면 장난감이듯 소리가 났다. 그것도 즐기면서 나무를 타고 오르는 데도 아찔아찔해 보였다. 관심이 내 마음에 발동한 것이다. 덩치가 보통 덩치인가. 그런데도 나무 위에서 잠을 청하기도 하지 않는가. 아뿔싸.

공처럼 데굴데굴 구를 때는 무척 신기했다. 그 유연성에 감탄했다. 그런데 구르는 그 행위가 불만 표출이라니 할부지와 사육사들은 그 애교에 반하겠다 싶다. 나도 잠시 이 순간에 반해 버리고 말았으니까.

보는 동안 자연스럽게 할부지 시선으로 보게 됐다. 몇 장면부터가 아니라 관계에서 관심으로 이동한 것 또한 자연스럽게 이루어졌다. 가까이 더 가까이 다가간 푸바오에 대한 나의 관심은 이별을 예고한 후부터 눈시울이 뜨겁기 시작했다. 엄마가 한국에 올 때 타고 온 운반구를 손질하는 할부지의 심정이 전이되어 만감이 같이 교차했다. 동화同化되어.

푸바오의 시선이 잘 가는 곳에다 유채꽃을 옮겨 심어 그 향기로 푸바오의 추억을 상상하고, 푸바오가 엄마와 함께 탔던 해먹을 만들어 추억을 돌이켜 주는 할부지와 사육사들 정성과 사랑은 인문학이다. 천천히 해먹에 적응하여 혼자서 타고 노는 귀염, 사랑스럽다. 그 귀염을 놓칠세라 폰을 눌러대는 관객들, 누가 시킨다고 해서 그렇게 하겠는가. 푸바오 동작 하나가 모두 관심거리다. 놓칠세라 연방 터트리는 폰 세례, 아름다운 팬덤 광경이다.

떠날 때도 비가 내렸다. 우산 속에 눈물을 감춘 사람들의 행렬이 이어졌다. 평소에 네 시간을 기다려 봤던 푸바오를 떠나보내는 마음들이 비를 내리게 한 모양이다. '안녕, 할부지'라는 푸바오의 안녕이 지금은 이별이지만 만남의 '안녕, 할부지'를 기다리는 사람들, 나도 이제 합류됐다. 누가 훌쩍거리는지 몰라도 된다. 내가 훌쩍거리며 푸바오를 떠나보내는 광경에 동참했으니까.

맑은 날 아침을 위하여

바람은 억세게 창문을 흔들어 오전 한 시쯤 잠을 달아나게 했다. 창문 틈이 컸나 싶어 베란다로 나가 점검해 보았더니 입을 꼭꼭 물고 있다. 다행이다. 전날 종일 비가 내렸는데 지금은 굵기가 센 억수비가 내리고 있으니 오월 초순의 비 치고는 불규칙이지만 파격적이다.

얼른 잠들지 못할 바에 컴퓨터를 켰다. 쓰다 만 글들을 하나씩 읽어 보려니 창문을 흔드는 바람이 굉음을 내고 있다. 듣기조차 으스스하다. 내가 어쩔 수 없는 무섬증을 가시게 하려면 글 속으로 파묻힐 일이다. 집중하던 청각을 시각으로 옮겨 읽기라도 하려니 탐구가 쉽지 않다. 차라리 허공을 휘두르는 바람의 소리에 집중하기로 한다.

바람은 활시위를 당기는지 조용한 긴장을 전해 왔다. 내가 집중한 것에 놀라나 보다. 조용히, 정말 아무 일이 없다는 듯이 잠잠하다. 나는 바람이 움직일 시간을 카운트하며 속으로 하낫, 두울, 세엣…, 그러나 지루하게 셀 틈도 없이 불어 댔다. 그럼, 그렇지. 바람이 내 집중을 알아챘다. 웅~웅 웅성거리는 소리가 지나가는 길을 만드는 것이면 다행이겠다. 그러나 살아내려고 하는 몸부림이라면 나의 집중을 끝내야 한다. 벽시계는 바깥에서 어둠이 짙게 가라앉은 줄도 모르고 뎅그렁 뎅그렁 두 번을 한가롭게 친다.

그러나 그 어둠은 바깥의 일일 뿐, 사라진 잠은 말똥말똥해지는 안구를 헤비고 약간의 충혈까지 적선하여 까칠하다. 간헐적으로 내리는 빗물에 어둠을 씻는 유리창이지만 어둠을 지키는 것은 나와 마찬가지다. 쓸데없이 자처한 이 밤의 파수꾼 나는, 새벽 세 시를 좇아가는 시간을 따라서 글쓰기에 돌입하려 자세를 바로잡았다.

쓰다 만 글들의 파일로 꽉 찬 컴퓨터 창, 무엇부터 건드려야 할까 망설이다 차라리 다른 새로운 파일 하나를 만들어야겠다고 생각했다. 빈 문서를 꺼냈다. 나를 잠 깨운 빗물의 흔적을 담는다. 젖은 바람이 떠돌던 허공이 내려와 나의 성찰을 기다린다. 어둠을 밝혀주는 광명지향의 표상의지로 하늘을 바라본 건 아니지만 하늘이 궁금했다. 창문을 열었다. 별의 상실이 안타깝다. 비를 맞고 떠난 별들의.

어둡다. 내가 밝은 곳에 있을수록 더 어둡다. 진하게 어두운 것을 지우기 위해 불을 껐다. 컴퓨터만 켜 놓고, 워드 치던 손가락을 중지시키고 가만히 앉아 있기로 한다. 환한 화면만 반딧불이듯 보고 앉았다.

어떤 세계에 대한 동경이 있어서가 아니다. 좀 전까지 몰아치던 비바람만 멈추기를 바란 소망이 이루어진 것에 대한 최대한 감사의 자세를 취한 것이다. 아닌 밤중에 봉창 두드리는 소리겠지만, 마치 그 비바람은 나의 기도로 사라진 것 같은 착각이 들만큼 밖은 조용해졌다. 시계바늘은 세 시를 넘어가고 있다.

날 밝기를 기다렸다. 불을 다시 켰다. 소리가 잠잠해진 바깥은 어둠 색에 흰색을 묻혀가며 시간의 경과와 함께 밝기를 기다리고 있다. 빈 문서 위에 워드 판에서 꺼낸 글자를 채워갔다. 나는 지나간 바람을 붙들고 있는 것이 얼마나 어리석은 일인지 이 밤에 알았다고 서두를 꺼냈다. 야단법석을 떨었던 잠시 전의 바람은 없다. 사라진 그곳에 작은 바람이 예전처럼 살고 있겠지. 아침이면 그 바람은 볼 수 있을 거야. 그보다 일찍 새벽엔 바람이 떠난, 잔잔한 평화가 기다릴 것이다.

어둠 중에 깨친 자연의 변화 인식이 마치 처음이듯 가슴이 두근거린다. 극단적인 기후의 변화를 순간적인 자연의 소리로써 체험했다. 창문을 금방 흔들어 넘어뜨릴 만큼 위풍을 과시하던 것도 길지 않았다. 잠시의 공포였다. 바람의 길은 어디에나 있겠으나 강렬하게 솟구치다 사라지는 것에 주변은 아무 저항 없이 잠잠하다. 내가 깊은 잠에 몰입만 했어도 그냥 지나갔을 고요였다. 소란의 막연한 불안을 안겼던 시간은 나의 시간이 아니었듯이 사라지고 시계침은 네 시를 순식간에 지나고 다섯 시로 향한다.

긴장으로 달아났던 잠이 하품을 시작하며 눈꺼풀을 내리고 있다. 흔들림이 사라진 새벽의 고요가 엄습한다. 어둠의 상황들은 희미해지고 있으니 안심하고 쪽잠이라도 청해야겠다. 나를 기다리던 새벽처럼 맑은 날 아침을 상쾌하게 만나기 위하여.

5부

새해 첫날의 단상 | 울릉도를 통해 | 부적응 | 내 손이 내 딸이다
어쩌다가 잡은 쥐 | 자운영 | 한두 번이 아니게 하소서

새해 첫날의 단상

새해를 맞이하는 마음은 언제나 그렇다. 여명을 재촉하며 잠을 설치고 동트기를 준비하는 하늘빛을 새겨 보려는 마음은 동쪽으로 향해 있다.

커튼을 젖힌 창밖은 제야를 위해 축제이듯 쏟아진 함박눈의 고요함이 쌓여 온통 하얗다. 부산에서 볼 수 없는 풍경과 마주한 갑진년 첫날의 인상을 적어 두고자 푸른 펜촉을 백지 위에 옮겼다.

글을 쓴다. 동이 트기 전에 나를 위한 나의 다짐이지만 나도 모르게 우후죽순처럼 커서 모가 되어 있는 것을 빼내는 고통을 감수한다. 글 속에서 실천되지 않으면 행동하지 않는 모순도 스스로 감내해야 함을 폐부 깊이 느끼며, 정신이 맑아진다.

쉼표와 마침표를 섞어가며 쓴 글을 다시 지우고 다시 쓰기를 반복한 글은 청룡의 비늘이듯이 매끄럽지는 못하다. 하지만 사랑을 우선하여 배려를 실천하는 해로 정하고 상쾌한 기분으로 펜을 떼고 보니 창밖은 새벽이 훌쩍 넘어간다. 얼른 바쁜 마음을 가다듬고 베란다에서의 해맞이 준비를 위해 서둘러 발을 뗀다. 자연의 경계 안에 들어선 느낌이다.

그런 나를 기다렸다는 듯이 동이 트기 시작한다. 햇살이 고요함 속으로 스며들어 온기를 퍼트리고 무지갯빛을 그리는 눈 속의 것들이 하나씩 반짝이며 드러난다. 자동차 바퀴가 먼저 길을 내고 있는 큰길은 가로등이 하나씩 불을 끄고, 그럴수록 선명해지는 아침 참 따듯하다. 함께하여 가깝게 흐르는 아이들과의 평화로움에 감사한다.

로마에 가면 로마법을 따르라고 하듯이 여기에서 나는 여기 법을 따라야 한다. 2박 3일의 프로그램을 나에게 맞춘 아들 내외를 따라 여기의 시곗바늘이 움직였다. 어제는 스크린에 가서 아들과 골프를 쳤다. 휘두르기만 해도 잘 쳤다 하니 마치 프로이듯 치다가 오비를 내고 한바탕 웃었다. 연습도 없이 따라가는 근육이 신기하다고 하는 친절한 애교에 웃음

배를 잡고 나서는 모자지간이 닮았다.

자정에 새해 첫인사를 했던 며느리가 아침을 준비하는 모양이다. 소리를 죽이며 하는 낌새를 감지한 시어머니는 방문을 닫고 있을 수 없어 나갔다. 밤새 안녕을 서로 전하며 가슴이 풋풋해지는 미소를 주고받는다. 오늘 아침 메뉴는 네 명이 만장일치로 정한 떡국이다. 조용히 끼니때를 기다리기로 한다.

햇살 퍼지기 전에 고소한 냄새가 자극하는 이 집에 평화를 주소서!

책을 꺼냈다. 새해 1분기 어른들의 한글 책읽기 수업은 〈경주〉에 대해서 공부하기로 했으므로 참고가 될 책이다. 먼저 첨성대를 펼쳐 보았다. 첨성대를 쌓은 돌의 수는 361개 반으로, 음력으로 계산한 일 년의 날수와 같으며, 둥글게 쌓은 몸통은 모두 20계단인데, 기본 별자리 수와 같다. 게다가 가운데 나 있는 창문을 기준으로 위아래 12단은 12달 24절기와 같다.

별이 담겨져 있는 첨성대를 통해 과학의 진수를 함께 맛보고 싶다. 또한 어른들의 관심사가 될 수 있을 것이다. 첨성대를 파워포인트에 올려 호응도를 높이면 언젠가 경주에 가서 더 자세히 보게 되리라. 덧붙여 아는 척까지 해주면 자식들이 보기에는 얼마나 귀여우실까. 책 속에 들어오는 어른들의 표정을 읽으며 싱겁게 웃는다.

역으로 나설 시간이다. 현관에서 손자와 며느리의 뜨거운 심장의 스킨십, 눈빛을 맞추고도 아쉽다. 서로 손을 흔들었다. 넉넉한 시간에 닿은 플랫폼에서 머물러주는 아들이 고맙다. 서서히 기차가 움직일 때 교감한 감정을 어떻게 다 표현하랴.

찡하다. 가만히 눈을 감고 있어도 흐르는 것을 억누르지 않고 그냥 두었다. 딱히 무엇의 생각에서 흐르는 것이 아니지만 이 순간의 행복이다.

2박 3일의 아름다움이 재생되어 365일을 살아내는 윤활유가 될 것이므로 나의 일상 속으로 데려가는 레일 소리가 투명하고 신선하게 들렸다.

울릉도를 통해

농 위에 있던 여행 가방을 내려 겉 먼지를 털었다.

코로나19로 인해 입을 봉한 채 살았던 속을 연다. 지퍼로 꾹 다문 입이 갑갑하다. 안방 가운데다 안이나 겉이나 다 열어 놓고 종이 나부랭이들을 치워 냈다. 울릉도로 떠날 차비를 해야 한다. 마음은 바쁜데 아직 손을 꼽으니 날짜가 남아 있다. 차일피일 참으로 어리벙벙하게 며칠을 들뜸으로 붕붕 떠다녔다.

그랬다. 나의 게으름은 배짱이 있어 아무리 가방이 입을 열고 아우성을 쳐도 일부러 안방을 피했다. 외면했다. 털어낸 가방 속을 다 채우는 것도 큰 일거리다. 그것도 그렇거니와 아직 코로나 2단계가 진행되고 있어 마음 한구석에는 꼭 가야 하나 하는 껄끄러움도 있다. 거기에다 장시간 배를 타야 하는 불안이다. 언제부터인가 뱃길이 무서워졌다. 하지만 막무가내로 손을 접고 있을 수 없다. 시작하자. 허기를 채우듯 꾹꾹 눌러 가방의 입을 탁 틀어막으니 나에게 생기는 포만감, 참 아이러니다.

현관에다 가방을 이동했다. 마치 웅크리고 앉은 곰 같다. 출퇴근하면서 한 번씩 다문 입을 쳐다봐 주고 만져주고 떠날 워밍업을 한다. 바짝바짝 다가오는 떠날 예정일, 그러나 울릉도는 날씨에 따라서 변동이 있다. 안 갈 수 있는 확률을 은근히 기대하며 기상예보에 바짝 신경을 썼다.

아니나 다를까 풍랑주의보가 떴다. 설마가 현실로 닥쳤다. 표정관리가 안 되지만 어렵사리 결정한 나의 울릉도 뱃길을 한 방에 때려눕힌 것만은 사실이다. 출발 예정일은 일주일 뒤로 미뤄졌다. 다시 휴강을 할 수 없기에 아쉽지만 접어야 한다. 현관에 버티고 있던 가방을 다시 안방에다 이동시켰다. 애당초 비어 있던 그대로 비워야 하는 과정을 미뤘다. 어쩌면 나의 분풀이다. 배부른 채로 그대로 며칠을 둘 참이다. 가방은 내 울화통을 대신해 탱글탱글 부어 있다.

울릉도는 나에게 특별하다. 거의 삼십오 년 전의 일이다.

남편은 울릉도로 가는 여객선을 일본에서 도입하고자 했다. 계획을 실행하기 위해 몹시 분주하게 다양한 관계인들을 만났다. 지금 생각하면 울릉도에 대해 남다른 사랑이 있었던 모양이다. 그러나 사랑도 지나치면 병이라고 좀 지나치게 그 뱃길에 매달리는가 싶더니 무슨 연유인지 성사되지 않았다. 그 당시의 사업 기세라면 못할 게 없었는데 어깨 너머로 보고 듣던 내가 아쉬웠다. 그런 까닭으로 나에게 울릉도는 가깝고도 먼 섬이다.

나에겐 가까웠다 멀어진 것이 섬뿐이겠는가. 원양어업으로 근해어업으로 바닷길은 남편의 것으로만 보일 때가 있었다. 어진 용왕님은 내가 손바닥이 닳도록 비는 것을 알아주어 모두들 부러워했다. 우리의 용왕님인 것 같았다. 실실 자주 부는 풍랑은 바다에만 있는 것이 아니다. 육지에도 풍랑이 있어 차츰 바다와 육지가 아귀가 안 맞게 도는 톱니바퀴처럼 삐꺽거렸다. 이십여 년이 그대로 가라앉는 데는 애간장을 다 녹였다.

그로부터 바다는 나에게 긴장과 애환, 애증과 사랑으로 뒤범벅이 되어 있다. 믿음이 깨어진 바다는 아니지만 두려움을 안겼고 두려움을 견디는 것은 공포였다. 어쩌면 나의 용왕님에 기댄 안일이 무너진 것이기에 배신감이 생겼는지 모른다. 바람이 불면 부는 대로 사는 일이란 쉽지 않다. 차라리 바람

불면 걱정이 될 때는 사업이 승승장구하였으니 물질적으로 사는 일은 꽤 따듯했다. 오복을 다 갖기란 쉽지 않음을 익히 알았어야 했는데 아쉬움이 많다.

몇 해 전에 K신문의 칼럼니스트인 C와 그의 아내와 통영에 간 적이 있다. 요트를 타게 됐다. 부부는 얼른 뛰어올랐는데 나의 발이 움직이지 않았다. 가까스로 타긴 탔으나 배 가운데 앉아서 꼼짝달싹할 수 없었다. 마치 요트 바닥의 지남철이듯 발이 붙어 떨어지지 않았다. 그런 현상은 대마도 앞까지 가겠다는 부부의 유쾌함을 송두리째 빼앗았다. 처음에는 불안한 나의 행동을 장난스럽게 보았는데 진실로 두려워함에 그들은 속도감을 줄이고 회항할 수밖에 없었던 것이다. 어처구니없는 불안이었다. 한 달 후, 칼럼니스트인 C가 소개하는 〈통영의 맛, 바다〉 지면 끄트머리에 P시인의 바다에 대한 숨겨진 트라우마가 몇 줄 실렸다. 바다의 쓴맛이지만 그것은 아무나 맛볼 수 없다.

몇 해 전에는 이런 일도 있었다. 대마도로 가는 여객선에서 친구의 손을 꼭 잡고 눈에 바람 들세라 눈꺼풀로 눌렀다. 겨우 눈을 떴을 때는 저만치 대마도가 보였다. 얼마나 긴장했던지 그날 저녁 잠시 눈만 붙이겠다 하고서는 다음 날 아침 8시에야 눈을 떴다. 왜 깨우지 않았냐니까 언니 같은 그녀는 역시 달랐다. “신혼 첫날이었으면 쫓겨났다”는 유머로 그날의 에피소드를 만들어 냈다.

울릉도를 통해 바다를 다시 기억한다. 흥망을 주었던 만큼 상처가 깊다. 그러나 세상일은 마음먹기에 달렸다고 하니, 무의식중에 깔린 불안을 털어낸다. 애당초 신뢰한 바다를 돌아본다. 지금의 텃밭임을 상기하며 월계관을 씌우고자 한다.

"사랑한다, 바다야."

부적응

8월의 두 번째 목요일 오후 네 시. 해수욕장을 찾았다. 해수욕을 해본 지 거의 삼십 년쯤 된 것 같다. 가는 날이 장날이라고, 불볕더위는 회색빛 구름 속에 들어가 있어 썰렁하고 설상가상으로 장맛비까지 오락가락하면서 파라솔을 빌리기도, 안 빌리기도 어중간하다.

일주일 전에 친구 셋이서 정한 날이다. 그랬으니 날씨가 어떻고 하는 것은 핑계에 지나지 않아 내키지 않았음에도 할 수 없는 일이다. 삼십여 년 만에 가는 해수욕장의 마중이 참 아쉽다. 태양의 여름, 한낮이었더라면 얼마나 좋았을까. 백사장의 사람들을 셀 수 있을 만큼의 한가한 그곳엔 비가 몰고 다니는 썰렁한 바람 말고는 기척이 없다.

6시까지 물 안에 있을 수 있다고 하니 서둘지 않으면 안 된다. 7부 바지와 긴 셔츠를 바닷물에다 적셔가며 들어갔다. 마치 파도가 너 잘 만났다는 듯이 덮쳤다. 훌러덩 뒤로 넘어졌다가 빠졌다. 엉겁결에 당한 일이라 벌떡 일어나려 했지만 그럴수록 파도에 더 휘말렸다. 그러면서도 와! 좋다며 좋아하는 나를 보고 친구들은 갯가에서 태어난 기질이라고 엄지를 치켜든다.

이렇게 말하면 꽤나 헤엄 좀 치는가 하겠지만 해안선 가까이에서 촐랑거리기만 할 뿐 바다놀이를 제대로 할 줄 모른다. 호기라도 부릴 줄 알면 지금 튜브에 몸을 의탁해 백사장 끝에서 허우적거리고 있겠는가.

그런데 바닷물은 의외로 날씨와 다르다. 차갑지 않다. 친구 둘 다 수영을 잘한다. 두 사람의 호위 속에 앞으로 나아가자고 해도 수시로 발바닥을 바닥에 디뎌보는 나를 어쩌지 못하고 그들도 싱겁게 퐁당거리고 놀 수밖에 없다. 즐거운 비명은 나만 지른다.

수면 위로 물새 날아다닌다. 자유형을 자유자재로 하며 기염을 토하는 두 사람은 물 찬 제비다. 부러워하는 나의 시선을 의식하였는지 돌아와서 튜브를 함께 밀고 가잔다. 나는 예전에 튜브를 타고 나갔다가 옆에서 장난으로 튜브를 엎는 바람에 빠져 죽는 줄 알고 허우적거렸던 기억이 생생하다. 그 이후로 해수욕장을 멀리했는데… 아뿔싸!

멀리 가지 못하고 개헤엄을 쳤다. 한참 나갔다 싶어서 멈추고 보면 아주 쬐끔 이동이 있었을 뿐이다. 그래도 설 때마다 저절로 터지는 아! 재밌다의 연발은 자동적이다. 정말 재밌다. 물에 관련한 마음의 방랑을 끝내고 돌아온 방랑자의 환호다. 뜨는 것이 어디냐고 자화자찬을 하며 해안선 옆으로 푸드득거리고 다녔다. 순간순간 서서 연신 웃고 연신 재밌다를 연발하게 하는 바다도 넘실대며 같이 웃는다.

그들이 제안한다. 세 사람이 같이 한 튜브를 타고 좀 더 깊은 데까지 가자는 것이다. 얼른 호응하여 잘 가다가 불안한 마음이 덮친다. 발을 바닥에 내리고는 목까지 차오른 수위에 놀라 방향을 다시 백사장 쪽으로 가자고 졸랐다. 나는 그들을 못 믿는 것이 아니라 내가 자신이 없다.

해수욕장으로의 삼십 년 만의 도전. 그렇긴 해도 나는 변한 것은 없음이 확인됐다. 그때와 다른 것은 재밌다의 발산이다. 한 시간 남짓 놀았나 보다. 밖으로 나오라는 소리가 들린다. 아쉽지만 바다를 두고 나와야 했다.

비에 젖은 모래가 무겁다. 푹푹 빠지는 발을 옮기기가 지치는 지점에 샤워장이 있다. 여름의 일상이면 당연히 붐볐을 테지만 시간도 넉넉하게 잘 쓰고 나왔다. 잠시 파라솔 아래에서 차 한 잔을 즐기는 동안 바다는 쉼 없이 파도를 띄워 보내고 거둬들이기를 반복한다.

해안선보다 굵은 선을 타고 케이블카가 색색가지 불을 켜고 바다 가운데를 건너다닌다. 바다는 내리는 어둠을 케이블카의 불빛으로 벗기며 저녁의 눈매를 선명히 드러내고 있다. 검기도 하고 푸르기도 하며 한낮의 에메랄드를 증명하듯이 꿈틀거리고 있다.

나오는 길에 비스듬히 솟아나오는 맹물에 모랫발을 씻고 식당을 찾았다. 에어컨바람이 여름답지 않게 차다. 그 바람을 피해서 자리를 잡고 일인 일만 원이라는 생각보다 저렴한 저녁상에 흡족하고 나왔다.

삼십여 년 만에 들어가 본 바다를 옆으로 끼고 가면서 생각한다. 이다음의 시간은 언제일까. 바다가 약속하자는 것도 아닌데, 물어본 것도 아닌데 나는 꼭 답을 해야 하는 것처럼 속으로 다시 올 날을 짚어보고 있다. 또 삼십 년 후면….

집으로 돌아가는 길을 재촉하며 바다를 쳐다봤다. 케이블카 불빛이 멀어질수록 더 캄캄한 바다 위에 가로등 불빛이 해파리처럼 내려앉는다.

내 손이 내 딸이다

습도가 높아 집 안팎이 끈끈하다. 장마가 온다고 하더니 큰 산 너머에 비가 도착하나 보다. 갑자기 마음이 바빠진다. 아파트 소독하는 날, 소독을 못했으니 소독을 해야겠고, 오랜 기간 소장해야 할 책들은 눅눅해지기 전에 베란다에 꺼내어 바람도 쐬어야겠다.

그래도 다행이다. 몇 해 전에는 집안일을 혼자 하는 데에 무력감이 생겼다. 저항이거나 분노라면 욱하고 성질이라도 내면 풀릴 테지만 그렇지도 않았다. 내 슬픔의 다른 모습이 속으로 끙끙 앓았다. 힘들었다. 벽에 못을 쳐야 한다거나 무언가 손 한 번만 가면 해결될 것 같은데 그냥 망연히 보고 있어야 할 때, 나는 슬펐다.

망치로 못을 벽에다 쳤다. 못이 들어가기는커녕 튕겼다. 그러면 그만두어야 하는데 계속하다가 엉뚱하게 벽이 울려 문틀과 벽 사이에 작은 틈이 생기고 말았다. 드라이버 못을 사용하려면 관리실의 후원(?)을 받아야 하는 것을 한참 후에 알았다. 혼자만의 생각으로 강행한 못질에 벽이 울고 나서야 멈췄으니 연습이 필요한 나의 삶 살아가기였다.

일머리를 몰랐다. 지나고 보니 무엇이든지 일사천리로 해낸 게 없다. 브레이크가 걸리는 일들이 다반사였으니 경험을 말하라 하면 할 말은 많지만 그 경험이 부끄러운 훈장으로 남을까 봐 수업 중에도 예를 들자면…, 하다가 멈출 때가 많다.

언니한테나 미주알고주알 하면, 언니는 내가 엉뚱하게 해 놓은 것도 잘했다고 한다. 그만하면 됐지, 얼마나 하려고 그래? 그렇게 나오면 딱히 할 말은 없다. 응원의 말을 듣고 나면 풀렸던 맥이 다시 감긴다.

그런 언니가 서둘러 티켓을 끊어 몇 시간 후면 도착한다. 나는 공항으로 마중 나가면서 그 들뜸을 숨기지 못하여 길을 놓치고 말았다. 지체된 만남이 되었다. 벽에 구멍 난 자국을 사진 찍어 보내면서 포탄자국 같다는 내 호들갑이 마음에 걸렸던지 집에 들어서자마자 벽을 보며 별다른 상처도 없으니 예사로 보라고 한다. 그런저런 일들이 에피소드가 되어 우리들의 밤은 길어진다.

다음 날 통영의 나물을 준비한다. 통영 나물은 다섯 가지나 일곱 가지인데 볶거나 무치거나 양념하여 그릇 하나에 담는다. 가운데는 조개를 볶아 넣은 두부 국을 얹는다. 언니가 새댁일 때 친한 이웃에 갖다줬더니 그릇이 없느냐고 해서 한바탕 웃었다는 이야기도 하며 나물에 밥을 말았다. 나물에는 생선이 있어야 한다고 해서 먹은 찐 가자미가 뼈다귀만 접시에 남기고 사라졌다.

잠시 쉬었다가 책장 정리에 들어갔다. 책을 꺼내어 분류한대로 자리를 옮기는 작업을 하기 전에 1순위가 먼지 털어내기다. 언젠가 혼자 책장 맨 위를 정리하기 위해 나무 탁자 위에 올라선 적이 있다. 아! 하고 순간적인 영탄이 터졌다. 편안함이 밀려왔다. 지금까지 발바닥을 땅 위에 대고 살았는데 그 느낌은 본능적인 행복이라고 생각이 들 만큼 달랐다.

그 느낌을 창작 수업할 때 상상하게 하였다. 그리고 느껴보라고 권했다. 돌아온 답들은 다 같지 않았으나 느낌을 향해 기울어지는 촉감, 글의 묘안을 만드는 데 도움이 되었을 성싶다. 씻을 것 다 내놔 보라는 언니 말에,

"아이쿠, 내 손이 내 딸이다"라고 하시던 어머니의 말씀을

떠올린다. 내 방을 제대로 정리하지 않으면, 어머니는 너를 시키느니, 쯧쯧 하시면서 "내 손이 내 딸이다" 하시고는 금방 깔끔하게 정리해 주셨다. 지금도 철이 덜 들어 언니의 진두지휘 아래 장마 대비 대청소를 시작하지만 어머니가 불현듯 보고 싶다.

어머니는 평소에 인생은 후회하고 살 만큼 길지 않으니 후회가 많지 않기를 바란다고 말씀하셨다. 아흔여섯 살에 떠나시는 당신께서 인생은 후회할 만큼 길지 않다 하셨으니, 나는 보다 더 인생을 뜨겁게 살아야 될 것 같다. 어머니의 부지런함을 빼닮은 언니가 대신하는 어머니 자리, 그래도 어머니가 보고 싶다.

나는 슬리퍼를 벗고 맨발로 싱크대 앞에 섰다. 수도꼭지를 틀어 설거지통을 먼저 정리했다. 그리고 의자에 올라서서 찬장에 넣어둔 그릇들을 윤기 나도록 잘 닦아서 자리를 옮겼다. 언니도 함께 손을 모았다.

참으로 내 손이 내 딸이다. 언니 손등에다 핸드크림을 발라 마사지를 하려니 어머니 손등에 피었던 작은 꽃들이 보인다. 몰래 쿵 떨어지는 가슴소리를 눈치챌까 봐 자리를 옮겼다. 가까운 시일 안에 언니 집에 가서 내 손이 내 딸이라고 너스레를 떨면서 형부와 언니가 함께하는 겸상을 차려 드려야겠다.

어쩌다가 잡은 쥐

오늘은 작은추석이다. 하늘이 너무 청명하다. 백 년 만에 가장 큰 둥근 달을 보여 줄 내일의 경사를 예고하고 있다.

갈수록 명절 음식을 장만하는 시간들이 간소화되어 며느리의 응원을 받으며 나선다. 연습도 전혀 하지 않고 참으로 한심하면서도 명랑한 선수의 등을 따듯하게 하는 우리 집 대들보다.

나는 삼십 대 초반에 골프를 배웠다. 그때는 필드에도 자주 나다녔다. 그러다가 골프채를 구석에 세워놓고 꽤 오랜 세월을 보냈다. 녹이 슬어가는 채마저 버리고 나면 영원히 골프채 잡을 기회가 없을 것 같아서 버릴 수 없었다.

주말이면 영상으로 골프경기 보는 것을 즐겼다. 갤러리였다. 아들들이 주말에 안부를 물어오면 골프를 본다고 숨김없이 말했다. 그게 아들의 심금을 울렸는지 아니면 화근이 되었는지 어느 날 골프채가 코앞으로 공수되었다. 반갑기도 하고 놀라기도 했지만 기쁜 마음을 감출 수가 없어 얼른 채를 꺼냈다. 칼처럼 날카롭다는 칸타타였다. 하나씩 꺼내서 세워놓았다. 밤새도록 보고자 거실에 불을 켜놓고 잠 깨면 나와서 보고, 또 들어가서 자고 또 깨면 보러 나오기를 반복하느라고 잠을 설쳤다.

나는 공을 좋아한다. 송구공보다 배구공, 배구공보다 농구공을 좋아한다. 그래서 학교 대표 농구 선수가 되었는지 모른다. 포지션은 포드였다. 슛을 정확하게 쏘았고, 신동파 선수 넘버인 11번이 내 넘버였다. 운동과 안 맞는 성격이라고 했지만 코트 안에 들어가면 제 몫을 톡톡히 하는 선수였다. 그래서인지 학교 안팎으로 인기도 많았으며, 타교 학생들이 천사라고 부르기도 했다. 그 당시 통영에는 쾌속선 엔젤호가 전국적으로 인기몰이를 할 때였다.

"엄마, 골프는 유럽에서 칠십 대에 시작하는 운동입니다"

"엄마, 연습 좀 하셨어요?"

큰아들은 대화의 포문을 그렇게 자주 열었다. 나는 자동인

형처럼,

"그래, 자주 한다, 곧 골프연습 나가려고 해"

그러면서 소파에 눌러앉아 갤러리로 시간을 보내는 것이다. 내 나름 보는 것으로 자신감을 키우는 것이다. 보는 것으로 연습시간의 중압감을 해결하는 것이다.

오늘은 분당 근처 88CC다. 아들과 함께 나가는 것이 세 번째다. 첫 번째는 아들 친구 둘과 가평에서 쳤고, 두 번째는 제자 부부와 부산아라미르에서 쳤다. 나는 지난 두 번처럼 감동으로 현장에 나섰다.

시작 전에 연습 그린 위에 공 서너 개를 놓고 감각을 되살려 본다. 십여 분 동안, 공은 홀을 외면하고 또르르 비켜가며 약을 올린다. 결국 땡그랑 소리 한 번 듣지 못하고 경기에 나선 것이다. 조인된 젊은 남녀와 우리 팀은 서로 간단한 인사를 하고 캐디님의 구령에 맞춰 몸 풀기를 한다. 바람도 경쾌하고 햇살도 적당하게 따갑고 부드럽다.

나무가 우거져 아름답다. 순서를 기다리는 동안 넉넉한 그늘 아래에 서 있으니 좋다.

3번 홀에 들어섰다. 짧은 홀이지만 나는 드라이버를 잡았다. 길게 잡지 말고 좀 짧게 잡으라는 아들의 센스를 받아들였다. 네 번째가 항상 내 순서였으므로 세 사람이 치는 것을 자세히 보는 것이 내 연습이다. 아쉽게도 그들은 그린 위에 공을 올려놓지 못했다. 내가 칠 차례다. '땅' 참으로 오랜만에 듣는 참나무 깨지는 소리에 세 사람이 이구동성으로 '와' 하고 탄성을 터트렸다. 공이 깃대 옆에 붙었다는 것이다.

"어디, 어디"

토끼발로 목을 뺐다. 신났다. 제대로 알고 친 것은 아니다. 소 뒷발 찬 것인데 어쩌다가 제대로 맞은 한 방, 행운이다. 그린 위에 가보니 ok 받기가 애매하다. 그러나 그들은 애정으로 오케이를 준다. 그것에 덤으로 기념 촬영까지 하는 영광을 얻었다. 독사진과 기꺼이 어깨를 내주는 아들의 팔짱까지 끼고 사진 촬영을 했다. 동반자들에게 버디 송을 잘 치른 것도 물론이다.

그 한 번이 참으로 중요했다. 보통 코스와 긴 코스에서는 헤매다가 짧은 코스만 가면 홀이 내 공을 빨아들이는 것이다. 그 한 번의 버디가 나를 날게 한 것이다. 나의 삶도 이런 환기가 필요하다는 생각이다.

18번 홀에 닿았을 때 동반자들이 나를 '챔피언'이라고 불렀다.

"나이 챔피언은 아니지요?"

한바탕 웃고, 그들의 안정감을 칭찬했다. 칭호 '챔피언'을 자랑스럽게 안고 집으로 돌아왔다.

"어머니 어떻게 치셨어요?"

"할머니, 재미있었어요?"

"그래, 아범이 신경 써서 버디도 잡았다~"

"와! 대단하시네요!" 엄마 옆에서 거들던 수민이도 엄지 척을 내보인다.

마치 올림픽 경기를 치르고 온 선수 집 분위기다. 내심 수민이가 휘파람 불어주기를 바랬는데, 그 기대는 오비가 난 셈이다. 그 또한 오늘 첫 번째 오비니까 기념비적이다.

작은추석 날, 둥근 달마저 창 안으로 부드럽게 비치며 나의 선전을 축하해 주고 있다. 오늘이 길었으면 좋겠다고 생각은 하면서도 잠의 유혹에 가물가물 빠진다.

자운영

베란다는 뜰을 대신하지만 흙이 귀하다. 무언가를 심고 싶을 때, 꺾꽂이라도 하고 싶을 때, 즉시 할 수 없다. 그런 불편함을 해소하려고 화분 치고는 아름드리가 좀 있는 화분에다 흙을 모았다. 어느 날 그 화분에 핀 풀꽃의 자줏빛이 유난했다.

언젠가, 통영 가던 국도 어느 쯤에서 꽃을 보았다. 지나가는 우리 일행을 보랏빛으로 감탄하게 한 그 꽃이 자운영이라 했다. 그때의 깊은 인상으로 뇌리에 박혔던 자줏빛, 그리고 자운영이 떠올라 이것저것 잘 아는 이웃아우를 불렀다. 아니란다. 폰을 두드려 네이버에 들어가더니 자운영이 가끔 너른 밭을 채우는 것은 퇴비로 삼을 농부의 뜻이라고 일침까지 놓는다.

야무지게 일러주는 데도 왠지 불편했다.

타자를 통해 확인을 받으려고 할 때는 나의 진정성이 있어야 하는데 나는 그렇지 않았다. 무조건 자운영이기를 바라는 마음이었는데 아니라는 한마디에 아우가 얄미웠다. 잠시였지만.

자줏빛은 항상 친정어머니가 오버랩 되는 빛깔이다. 연세가 들어 바깥출입을 하지 않을 당시에 어머니는 자줏빛 자켓을 즐겨 입으셨다. 그 자줏빛이 어머니한테 잘 어울렸는데 아마도 당신이 거울 앞에서 이것저것 얼굴과 맞춰 보다가 선택한 것일 게다. 어머니는 생각도 모습도 멋쟁이셨으니까.

나는 두 살 터울 아이 셋이 어릴 때 주택에 살았다. 마당 양 옆으로 자연석 사이사이 철쭉이 피면 봄은 우리 집에만 있는 꽃이듯 만발하였다. 어머니는 봄이면 아이들을 나랑 같이 건수할 겸 오셨다. 연한 자줏빛 원피스를 입고 마당에 들어서자마자 함께 꽃이 되었다고 웃으셨다.

어머니는 봄에 오시면 겨울에 가야 할 정도였다. 어머니가 가는 날짜를 내가 정하고 깨고 차일피일 미루고 그러다보면 계절은 바뀌었다. 아이들 핑계를 댔다. 거들어주는 아주머니가 있었음에도 나는 어머니한테 매달렸다. 계절마다 엎치락뒤치락하던 시간들, 모녀의 정에 누그러졌다. 요즘 경제학으로 보면 어머니한테 빚을 많이 진 셈이다.

어느 해인가 막내며느리한테서 자줏빛 가방을 선물 받았다. 가방소재가 비행기 창을 만드는 것이란다. 투명하지만 강하겠다 싶고, 커지만 가볍겠다는 첫 인상으로 받아들였다. 투영되는 보랏빛이 좋았으나 가방 안이 다 보여서 여름용으로 점을 찍었다.

여름이 몇 번 지났는지 모르겠다. 어쨌든 소중히 보관용으로 해를 묵고 있는 중이었는데 며느리에게 들켰다. 마음에 들지 않는지 의중을 떠보는데, 얼떨결에 찾은 대답이 정 들이고 있는 중이라고 말했다.

그 후부터 외출할 때 자주 들었다. 그런데 들고 나가면 의외로 친구들의 관심을 받았다. 간혹 모르는 사람도 지나면서 입을 다셨다. 빛깔이 예쁘다거나 하면서 더 디테일하게 집중해 오는 시선도 있었다. 어디에서 샀느냐 등 묻기도 하고 흔하지 않은 가방을 들었다고 부러운 시선도 보냈다. 하지만 입술로 눈으로 웃기만 할 뿐 가시광선이 전한 빛깔을 내가 설명할 도리가 없었다.

고백컨대 그때까지 나는 건성이었다. 그런 어느 날 정말 내가 반했다. 태양이 강렬한 날, 보도 위에 비친 보랏빛은 환상적이었다. 그림자가 보랏빛이라니. 이젠 해마다 여름에 진입하면 줄기차게 들고 다닌다. 가방 안이 다 보인다는 둥 하던 핑계도 사라졌다. 그 감동을 며느리한테 전하고 같이 웃었다.

우리가 안다는 것이 얼마나 알아야 안다고 해야 하는지…. 안다고 단정 짓고 사는 일이 얼마나 조심스러운 일인지. 나는 그 일로 인하여 안다고 자신했던 날들이 부끄러워졌다. 그리고 안다고 눈동자를 굴리는 사람들이 무서워지기 시작했다. 아는 척을 듣는 척하면 되겠지만 안 된다. 피로하다. 상책은 피하는 것이다. 되도록 자리를 같이하지 않으면 된다.

식당에서 옆 좌석 분위기는 생각하지 않고 크게 말하고 웃고 떠드는 팀을 만난다. 따가운 시선이 전달되기까지는 시간이 좀 걸린다. 멈추기를 바라는 인내가 필요하다. 하지만 이제는 그 인내가 지루하다. 지루함을 공유하기보다 피하는 것이 자연스러워져 자리를 피한다. 자기 분위기대로 사는 것을 누가 말리겠는가.

살아가면서 착각을 발견하는 재미가 있다. 너무 일방적으로 생각하고 있는 것에서 비일비재한 착각들, 다시 그 착각을 보면서 내려놓고 사는 일의 시작인 것을 깨닫는다. 알면 보인다는 말이 세월이 쌓이면서 내려놓는다는 말이 되었다.

통영 가는 길에 자줏빛을 보고 싶다. 국도를 따라가면서 자운영을 만났던 그때처럼. 그러나 이젠 먼저 알고 길을 멈추고 보고 싶다.

한두 번이 아니게 하소서

봄이 꽃망울을 준비하는 동안 꽃샘바람이 들쑥날쑥하고 밤낮의 기온 차이는 나의 적응을 재촉한다. 헛기침 한번 해 놓고 스스로 민망하여 주위를 살피는 현실이다.

그렇다 보니 나에겐 봄은 꽃가루로 인한 알레르기 때문에 좀 야단스럽다. 알레르기 특성인지 모르겠지만 한번 자극이 시작되면 끝장을 본다. 또 시작이라고 생각할까 봐 때론 공동체생활이 두렵기도 하다. 그러한 현상은 여러 약속 자리를 피하는 빌미가 되지만 어쩔 수 없다.

당사자가 되어보지 않으면 이해하기 어렵다. 무슨 일이든 당사자만큼 알 수 없지만 봄날은 나를 위해 지인한테 양해를 구하는 일이 많다. 유달리 소란스러운 나의 봄, 자연스럽게 지낼 수 없을까.

봄을 기다리는 것은 항상 나였다. 봄날이다 싶으면 엄마한테 쑥 캐러 가자고 졸랐고, 남보다 먼저 치마를 입었다가 감기한테 혼났던 적이 한두 번이 아니다. 내 기억으론 유년시절의 봄은 그렇게 하여 골골 앓다가 보냈다. 담요에 싸여 병원으로 갔던 적 또한 한두 번이 아니었다. 돌이키면 부모님 속을 어지간히 썩였다.

그때의 앓음 뒤에 생긴 심리적 반응으로 주사 맞는 것을 싫어하게 되었는지 모르겠지만 학교에서 예방주사 맞는 날이면 선생님이 날 쫓아다니느라고 애를 먹었다. 그런데 그런 일을 까맣게 잊고 살았다. 며칠 전에 나의 절친 초·중·고 동창과 이런저런 추억담을 나누면서 폰이 날아갈 정도로 웃었다. 종합검진 결과를 이야기하다가 소환된 이야기였다.

초등학교 시절, 예방주사를 맞는 순서를 기다리다 내가 슬쩍 달아났다는 것이다. 그것도 한두 번이 아니어서 해마다 예방주사 맞는 날이면 소동을 일으켰다고 한다. 나는 남의 이야기를 하듯 이구동성으로 수다를 떨었다. 그땐 주사 맞는 날이면 학교에 가기 싫다고 했던 기억이 나서 "그랬어? 그랬니?"를 연발하면서도 부인할 수도 없었다. 공부도 잘하더니 기억력도 대빵이라고 치켰더니 더 나를 고발해 대서 배꼽 잡고 웃었다. 예방주사를 두려워하다 생긴 나의 자책골이 장티푸스라고 말했다.

예방주사를 피해 다닌 벌인지 4학년 때 장티푸스에 딱 걸렸다. 너무 모질게 걸려서 2학기 전체를 집에서 보냈다. 머리카락이 다 빠지는 바람에 털모자를 눌러쓰고 우울한 시간으로 살았다. 친구 등 일체, 외부인을 만나지도 못했다. 방문에 달린 작은 창으로 밖을 내다봤다. 밖에 나가고 싶어 안달이 났지만 엄마는 나를 지키고 계셨다. 나중에 들은 말로는 그 당시 생명이 위험했단다.

그해 가을과 겨울은 지루했다. 다음 해 봄, 5학년이 되어 집을 나섰다. 눈을 바로 뜰 수 없을 정도로 행복한 햇살이었지만 눈을 바로 뜰 수 없었다. 어지러웠다. 털모자를 쓰고 핏기 없는 얼굴로 학교 가는 길은 장티푸스를 견뎌낸 힘이 솟는 것이 아니라 살아있는 인기척 정도였다. 혼자 걷는다는 게 어려워서 걷기연습을 엄마랑 했다. 그런 나를 붙잡느라고 부모님의 걱정이 얼마나 깊었을까. 그 시절만 떠올리면 부모님이 그리워 눈시울이 뜨겁다.

그렇게 예방주사를 피해 다닌 일이 한두 번이 아니다가 요즘에는 방향을 바꿨다. 어쩌면 한두 번이 아니라는 것이 나의 평생 습관이 된 것 같다. 무의식이 의식으로, 의식이 무의식으로 진행되어 요즘에는 잊는 것이 한두 번이 아니다. 아차차 하고 집으로 뛰어가는 일이 허다하다. 물론 집 행길 언저리에서 생각나서 돌아가긴 하지만.

너도 그랬니? 나도 그랬다는 것은 핑계이며 위안이다. 심리적이다. 나만 그렇지 않다는 것에 슬픔을 희석시키는 것에 불과하다. 현실이다. 내가 감당해야 하는 몫이다. 내 몫이 네 것이 될 수 없는 현실, 비 오면 우산 쓰듯이 내가 막아야 한다. 한두 번에서 터지는 곡哭소리를.

이제부터 집에서 나서기 전에 일심一心으로 챙기기로 했다. 꼭 정수리가 근질근질해야 흰머리가 돋는 줄 아는 시기는 지났다. 그러나 소리가 울려야 있다는 것을 안다면 큰일이다. 폰은 소리가 침묵할 때 찾기 어렵다. 그렇다고 늘 소리를 지르게 할 수도 없다.

그 후, 집을 나설 때 폰과 수업교재와 지갑을 순서대로 챙기고 확인하는 것을 잊지 않는다. 그래도 가끔 잊긴 하지만, 잊는 속도를 줄여야 한다. 조금 소아小我적이지만 70일간의 습관을 나에게 재단한다. 강의할 때만 써 먹을 것이 아니라 나를 위해서 실천해야 하는 것이다. 챙기는 것에 차차 귀의함으로써 내가 낯설지 않게 됐다. 한두 번이 장난도 아니고 말이지…. 스스로를 나무라고 깨닫게 하는 데 뇌를 쓴다.

이젠 봄이 와도 오늘처럼 제발 한두 번이 아니게 하소서.

| 평론 |

풍성한 의식과 열정이 그려낸 시대가 잃어버린 인간미

권대근

문학평론가, 대신대학원대학교 교수

사람은 죽을 때까지 배운다는 말이 있다. 나이가 들면 들수록 고개가 끄덕거려지는 나의 수긍이다. 그러나 얼마나 잊고 살았던 말인가. 세탁기의 물높이를 조절하는 것을 몰랐다가 알았던 것이 몇 해 되지 않고, 화장품 바르는 순서를 제대로 익힌 것 또한 십여 년밖에 되지 않으니 어른들이 말하는 선머슴으로 살았던 격이다. 그러다 코로나19로 칩거하면서 다시 나를 챙기는 일로 돌아섰다. 오늘의 봄이 어둡다할지라도 내일의 봄을 위해 우리는 스스로 열정을 가라앉히면 안 된다. 가라앉히는 것은 의욕 상실이며 죽음이다. 죽어서 죽는 것이 아니다. 나를 있게 하는 것, 그것을 위해 열정을 나의 꽃으로 만들어야 한다.

– 〈어느 봄날의 적〉 중에서

I

〈여자는 두 번 울지 않는다〉의 저자 미국의 작가 시드니 셸던은 "삶의 다음 페이지에서 또 다른 멋진 나를 발견할 테니까 너무 일찍 책장을 덮지 말라."고 했다. 다음 페이지에 숨겨진 멋진 이야기의 주인공이 되기 위해 박미정 박사는 두 번째 수필집 〈베란다〉를 내기로 마음먹는다. 역사를 보면 일관되게 나타나는 현상이 있다. 중요한 변화와 혁신은 한가로운 세상에서는 일어나지 않는다. 그것은 끔찍한 일이 진행 중일 때 일어나는 경향이 있다. 수필 〈어느 봄날의 적〉이 이를 증명한다. 이 수필에는 그녀가 현실을 극복하고자 하는 혁신의 길이 드러나 있다. '그래서 두 번째 수필집을 내기로 했다. 나에게 하던 칭찬을 계속하면서 내가 해야 할 일을 미루지 않는 것이 나에게 또 칭찬하는 일이 아니겠는가. 참 어리석게도 늦게 만난 깨달음이다.'라고 썼다. 수필은 반성적 성찰의 글이다. 그녀가 늦게라도 깨달음을 얻었기에 우리는 그녀의 보석 같은 산문과 마주할 수 있는 것이다. '화장품 바르는 순서를 제대로 익힌 것 또한 십여 년밖에 되지 않았으니 어른들이 말하는 선머슴으로 살았던 격이다.'라며 살아오면서 모르는 게 많았던 자신의 무지를 나열하면서, 그녀는 코로나19로 칩거하면서 놓친 자신을 다시 챙겨야겠다고 다짐한다. 〈어느 봄날의 적〉에서 그녀는 '오늘의 봄이 어둡다 할지라도 내일의 봄을 위해 우리는 스스로 열정을 가라앉히면 안 된다. 가라앉히는 것은 의욕 상실이며 죽음이다. 죽어서 죽는 것이 아니다. 나를 있게 하는 것, 그것을 위해 열정을 나의 꽃으로 만들어야 한다.'고 말했다.

박미정 박사는 글을 쓰기 위한 이상적 공간으로 '베란다'를 설정해 두고, 유토피아적 감상에 젖어 글을 쓴다. 호접란 꽃으로 시작한 글머리가 머뭇거림을 끝내고 서사의 울림으로 중간 지점을 지나면, 이쯤에서 고요한 여명과 새벽이 오버랩되는 쯤에 깨고 싶어 시간을 예약해 두고 갈등 없이 평화롭고 푸근한 침실에 든다. 눈을 뜨면 정갈한 마음으로 베란다의 유리창을 활짝 열어놓고 베란다를 거쳐 오는 맑은 햇살을 받으며 밀어 둔 글을 꺼내어 다듬는다. 그녀의 루틴은 문학적이고 낭만적이다. 이렇게 해서 탄생한 것이 제2 수필집 〈베란다〉다. 자신을 있게 하는 열정을 꽃으로 피워낸 것이다. 흙은 꽃으로 웃는다는 말에 비춰보면, 그녀는 대지요, 흙이다. 척박한 자연 환경을 견뎌내며 한 송이 꽃을 피워낸 위대한 자연의 어머니 대지인 것이다. 한국전쟁 때 여성 종군기자 마거릿 히긴스는 영하 30도의 강추위에 시달리며 죽음의 공포에 지친 병사에게 "무엇을 가장 절실하게 원합니까?" 라고 물었을 때, 그 병사는 "제게 내일을 주십시오."라고 말했다. 박미정은 〈어느 봄날의 적〉에서 '오늘의 봄이 어둡다 할지라도 내일의 봄을 위해 우리 스스로 열정을 가라앉히면 안 된다.'라고 힘주어 말하면서, 가라앉는다는 것은 의욕상실이며, 죽음이라고 했다. 이 수필집은 인생의 험로를 딛고 삶의 주인으로 내일을 사는 지혜가 담겨 있어 감동을 준다. 그녀의 수필은 불행을 뒤집어 행복의 내일로 나아가게 하는 깨달음의 기록이라 하겠다.

Ⅱ

박미정 박사의 〈역설〉이란 수필을 읽는 순간, 바로 '말할 수 없는 것에 대해서 우리는 침묵해야 한다'는 말로 유명한 비트겐슈타인이 떠올랐다. 20세기 철학의 거장 비트겐슈타인을 현대에 들어 중요하게 꼽는 이유는 그의 독창적인 연구방식 때문이다. 그는 누구보다도 언어에 집중한 철학자였고, 그동안 누구도 시도하지 않았던 접근방식으로 언어를 파헤쳤다. '수없이 나타나고 변하고 사라지는 세계에서 우리가 살아가는 데 언어가 그 중심에 있다. 언어가 어떻게 세상과 상호작용하는가, 언어와 세상의 관계는 대체 무엇인가'에 대한 의미를 찾기 위해 그는 평생을 할애했다. 그는 〈논리철학논고〉에서 세상을 '말할 수 있는 것'과 '말할 수 없는 것'으로 구분했다. 그는 오직 세상에 존재하는 것에 대해서만 말해야 한다고 주장했다. 박미정은 문학 전공자로서 비트겐슈타인만큼 언어에 민감하다. 당연한 일이다. 그녀의 수필 〈역설〉은 자신의 언어관과 문학관을 잘 나타내고 있다. 조지 오웰의 고전인 〈1984년〉을 읽어본 사람이라면, 이 언어의 힘을 잘 이해할 것이다. 오웰의 소설에서 전체주의 정부는 '전쟁은 평화이며, 자유는 노예고, 무지는 힘이다'라는 세 가지 구호를 선전한다. 이 구절은 보통 사람의 생각을 뒤집는다. 한마디로 역설이다. 이 체제의 시민은 언어의 올가미에 포박된 탓에 그들의 사회정치적 현실이 비틀려 있다고 생각하지 못한다. 정부의 언어에 마음을 빼앗겨 정부가 자기 멋대로 하는 상황에서 벗어날 생각조차 못하는 것이다. 〈역설〉 역시 이런 관성을 지적하며 대안적인 어구를 찾게 하는 내용을 담고 있다.

> 문자 한 줄에 대해 생각해 본다. 빠르게 전달하려는 산자의 욕심이었을까 싶다가도 설명할 수 없는 추적거림에 한 줄 메시지의 충격을 얼른 벗어나지 못한다. 설령, 만남의 시간이 길지 않더라도 그렇게 급했을까 하는 의문에 닿으면 경황이 없는 시점을 이해하기까지 한 줄 문장보다 빠른 매체를 부정한다.

문장 한 줄로 가장 좋은 말은 무엇일까.

한 마디로 할 수 있는 가장 좋은 말은 무엇일까.

"나는 당신을 사랑한다."가 아닐까. 한 마디면 '사랑한다.'인데 이 한 마디는 평면적 표현이 아니다. 진실입네 하는 장식을 달지 않아도 입체적으로 끌림이 있어 따듯하게 수용한다.

'돌아가셨다.' 역시 진실이 아니면 안 된다. 그러나 후자는 너무 간단하면 안 된다는 것이 나의 생각이다. 어둡고 무거운 것을 다 망라한 한 마디인 그것의 진실에서 브레히트의 「죽은 병사의 전설」에 나오는 강음, 그것과 같은 것이 담겨 있기를 원하는 것이다.

— 〈역설〉 중에서

위의 수필에서 저자는 부고의 한마디에 대해 저항한다. '돌아가셨다.'는 한마디로 끝낸다는 게 말이 안 된다는 입장이다. 고전적 의미의 '수사'는 '말을 잘하는 기술'이란 의미지만, 현대에는 '설득 기술'로 사용된다. 아리스토텔레스는 그의 책 〈수사학〉에서 로고스 파토스 에토스를 활용한 설득 기술로 말하고 있다. 따라서 말을 조리 있게 하고 효과적으로 설득하는 방법을 가르치는 수사학은 고대 그리스 시대부터 중요하게 여겨졌다. 박미정은 '돌아가셨다'는 단 한 줄의 문장은 죽은 자에 대한 예의가 아니라는 것이다. 왜 역설인가? 셰익

스피어는 '재치의 핵심은 간결함'이라고 했다. 간결한 말은 구구절절 설명하지 않는다. 이야기를 길게 늘어지기 전에 날렵한 화살을 쏘듯 짧고 간결하게 말한다. 이것이 가장 큰 매력이다. 문제는 그 간결함이 반드시 짧은 것만을 말하는 것이 아니라는 점이다. 간결함은 추려진 핵심이며 알맹이다. 치열하고 밀도 있는 알맹이를 담기 위해서는 사유의 과정이 들어가야 하는데, '돌아가셨다'에는 이런 사유가 전혀 없다. 언어는 말이나 대화의 도구로 축소될 때가 많다. 언어에는 지칭하는 기능 이상의 것이 존재한다. 언어는 실제로 생각 지각 경험 현실을 창조한다. 이 창조야말로 언어의 힘이다. 20세기 사유의 주축인 이러한 생각이 박미정의 글에 담겨 있다. 언어를 통제하는 사람이 정신을 통제하며, 언어를 창조하는 사람이 현실을 창조한다. 그녀는 대안언어를 제시하기보다는 오래된 언어를 새로운 언어로 교체할 것을 주장한다. 적절한 문장이 적절한 순간에 적절한 모양이 될 때까지 문장에 흠뻑 젖어야 한다는 입장이다.

현대 수필에서 문학적 성취는 '무엇을' 말하는가가 아니고 '어떻게' 표현하느냐에 달려 있다. 인류 역사에서 최고의 '역설'은 브루투스의 '역설'이 아닐까 싶다. 공화정치를 지지하는 이상주의자 브루투스 일당은 음모를 꾸며 시저를 죽인다. '한마디만 더하고 물러가겠다. 내가 로마의 영광을 위하여 시저를 죽인 것처럼, 나는 시저를 찌른 그 칼로 나를 찌르겠다. 나의 조국이 내 죽음을 필요로 한다면 말이다.' 브루투스는 로마 시민들에게 공화정 수호를 위해 독재자를 죽일 수밖에 없다고 살해의 정당성을 역설한다. 로마 시민들은 그의 연설에 환호한다. 박미정의 수필 〈역설〉도 독자의 환호를 받을 만하다. 이 수필의 문학적 성취는 설득을 위한 비유나 예화의 활용에 있다. 그녀가 처음으로 인용한 텍스트는 '노래가사처럼 이별이 그리 쉬운가. 정말 충격일 때가 더 많다.'는 것이고, 다음으로 사람들은 영화를 보고 나오면 마지막 장면을 보러 간 것처럼 '마지막 이야기에 열을 올린다'는 사실이다. 그 장면이 '만남이거나 이별이거나 죽음'이라는 것이다. 주인공의 삶과 배경을 잠시라도 놓치지 않으려는 관람자의 의식을 전제하면서 그녀는 삶의 종료를 알리는 데 한 줄은 영화의 마지막 한 장면과 비교될 수 없다는 것이다. 아픔 그 자체를. 가슴 썰렁하게 한 그 통보는 차차로 무섬증을 안겨 주는 것이며, 그것은 돌아가신 분에 의한 것이 아니라 현실에 대한 것이란 작가의 주장은 위의 텍스트의 채굴로 충분한 설득력을 갖는다.

그럴 수밖에 없다. 왈가불가 왈가왈부하는 일이 생기면 되도록 피한다. 언어에 대해서 나에게 자유 시간을 너무 주었다는 등 그렇게 하면 무엇이 달라지는가. 경의를 표하는 것은 시간이 갈수록 언어가 제공하는 자유 시간이 보이기 때문이다. 그동안 언어를 대하는 태도가 늘 엉성하여 쓰다가 말다가 했다. 그러다가 언어의 빛깔을 잃기도 하고 잊기도 하면서 보낸 시간들이 헛돌고 있는 것이다. 그런 나는 직공이라는 작업복을 왜 벗지 못하는가. 언어와 헤어질 염려가 없다는 안심 모드는 또 뭐란 말인가. 직공에게 미학의 광장을 열어놓고 맡겨야 하는 언어의 난감함이 백지를 들고 앉으면 전해져 오는 것이 그나마 다행이다. 직공은 언어 자체의 빛깔을 찾으려고 안간힘을 써야 한다. 합리론이든 신고전주의든 간에 언어 그 자체의 빛깔을 찾는다는 것에 어떤 사실적 조건이 없는 한, 계속 열린 장場에서 그 빛깔을 찾으려는 직공이 되어야 한다. 나의 언어는 내가 배열하기 전까지 긴 침묵을 기다리고 있다. 주객이 전도된 느낌이다. 소리와 외침으로만 팔짱을 끼고 짜깁기하고 있으니 갑갑하겠지만, 삼십여 년을 참아 왔으니 기다려 볼 참이라 여겨진다.

— 〈언어의 직공〉 중에서

웹스터 사전의 머리말은 "언어는 개념의 표현이다. 한 나라의 국민이 개념의 동일성을 보존하지 못할 때 그 언어의 동일성은 유지되지 못한다."고 되어 있다. 영문과 다닐 때 청

바지 뒷주머니에 꽂고 다니며 폼 잡으면서 읽었던 타임지에는 "바벨탑 시대부터 언어의 혼란은 정치적 오해를 낳게 하는 가장 활성적인 원인들 중의 하나가 되어왔다."고 적혀 있었다. 쇼팽은 "언어는 도시다. 그 도시를 건설하는 데 만인이 돌을 들고 와서 참여하였다." 하물며 시인임에랴. 물결치는 해안의 조약돌처럼 인간도 언어와 행동을 통해서 세련되어지는 것이다. 그리고 언어는 사람과 동시에 태어난 것으로서 우리가 사회에서 사람의 힘을 느끼게 되는 것은 언어를 통해서다. 언어는 우리를 황량한 사막에서 찬란한 별로 날라다 주는 교통수단이다. 한마디의 언어가 타인의 생각, 감정, 행동을 변화시키는 힘을 가졌기 때문에 작가는 언어의 직공이 되어야 할 것이다. 언어는 생명력이 있다. 한마디의 표현은 우리의 삶을 바꾸기에 충분한 힘을 지녔기에 우리의 일생을 이끌어가는 언어를 다듬고 연마하는 데 힘써야 한다. 그런데 작가는 "나에게 언어의 공장에서 얼마나 성실하게 일을 했는가를 묻는다면, 이미 쫓겨났어야 하는 직공이다. 그럼에도 떠나지 못하는 것은 단 한 편의 대표시를 짓지 못했기 때문이다. 너무 이기적인 생각일까. 아니다. 공장에도 내 결실에도 충실치 못했다고 늘어놓는 궤변이다."라고 적고 있다. 수필가로 변신한 시인의 겸손이다.

이 수필은 매우 수필적이다. 언어의 직공으로서 성실하게 일하지 못한 반성으로 시작하고 반성으로 끝내고 있기 때문이다. 그녀는 언어의 직공으로서 그 역할을 다 하지 못하면서 왜 직공의 작업복을 벗지 못할까. 그 이유를 찾는 것이 감상의 포인트가 되겠다. 찰스 디킨스는 신이 인간에게 귀를 두 개 주고 입을 한 개 준 것은 많이 듣고 적게 말하게 하기 위함이 아니었을까. 언어는 오직 그렇다 또는 아니다만을 용납하기 때문에 무슨 말을 하더라도 오류에 빠지기 쉽다. 박미정 박사가 '왈가불가 왈가왈부하는 일이 생기면 되도록 피하는 것도 그런 언어의 성정을 파악한 때문일 것이다. 아니면 언어의 제 빛깔을 찾으려는 노력으로 이해된다. 어쩌면 시인은 지금 언어와 싸우고 있는지도 모르겠다.

이 수필은 '직공'의 개념으로부터 출발하지만 전개부에서는 자신을 1994년에 입사하여 30주년을 코앞에 남겨 두고 있는 직공으로 소개한다. "이 정도 기간이면 회사에서 반짝반짝 빛나는, 그러면서 무게가 제법 나가는 행운의 열쇠 정도는 줘야 하지 않겠는가." 하면서 30년 봉직의 헌신을 회사가 인정을 해주는 것이 마땅하다고 하지만, 직공을 쓰는 회사는 자신의 소유다. 공장에도 자신 결실에도 충실치 못했다고 늘어놓는 전반부 솔직함과 결말부 직공으로서의 충성맹세가 궤변이 아니라 감동으로 다가온다. 그녀는 "튤립의 줄무늬 수를 세지 않는 시인으로 사는 신고전주의면 어떤가. 언어를 떠나 살 수 없는 직공으로 살고자 하였으니 제대로 일하는 직공이 되어야 함이 마땅하다" 하였다. 원하든 원치 않든 간에 말 한마디가 남 앞에 자기의 직공으로서의 초상을 그려 놓은 셈이다.

글을 쓰는 일이 나의 삶 한 부분이 된 것은 이해인 수녀님의 글을 읽은 후부터였다. 집안에 고단한 일이 생겨서 우울하던 날, 여고 동창의 점심 초대를 받았다. 가만히 손 맺고 있으라는 말에 이런저런 책을 꺼내 보다가 그녀의 동생이 『한맥문학』으로 등단한 것을 알게 되었다. 그리고 눈에 띈 이해인 수녀님의 글을 읽었다. 설거지에 관련된 글인데 시선이 꽂혔다. 마치 내가 하는 설거지였다. '내가 설거지를 써야지 수녀님이 왜?' 참 황당한 생각이었지만 그때는 내가 할 일을 안 했다는 느낌이 들었다.

'나는 뭐하고 있지?'

'왜?'

물음표는 나를 향했다. 나의 초등학교 6학년 때를 또 소환한다. 그해 한산대첩 백일장에 참가했다. 글제는 '돛단배'였는데 '차하'를 받은 것 같다. 나의 생애 첫 시, '돛단배'를 무의식적으로 외우면서도 다음 시편을 생각해 본 적이 없었다.

하지만 '설거지'의 충격은 몹시 컸던 모양이다. 이후 시작된 습작은 꾸준하였다. 2년 후에 『한맥문학』 등단을 하고 그 2년 후에 첫 시집 『밤에 쓰는 詩』를 출간했다.

— 〈시간의 관조, 나의 해명〉 중에서

논어에 보면, '언유종 사유군'이란 말이 있다. 어떤 일에도 뿌리가 있고, 그 이유가 있다는 것이다. 뉴턴의 물리학은 결정론적이고, 인과론적인 거시세계인 우리의 현실을 반영한다. 박미정 박사가 찾아가는 근원은 왜 자신이 문인이 되었나 하는 데 있으며, 문인이 된 것이 그냥 된 것이 아니고 어릴 때부터 문재가 있어서 커서 문인이 될 수 있었고, 이 글에는 유년의 추억뿐만 아니라 등단의 과정과 자신의 문학관이 노정되어 있다. 이 수필에 나타나는 멋은 인간의 삶 자체에 초점을 둔 데서 나온다고 하겠다. 물론 다른 문학에서도 인간의 삶에 대한 모든 것을 다루지만 수필에 있어서는 개인의 체험을 중시한다. 체험은 삶의 길잡이이고, 내일의 새로운 지혜를 여는 열쇠다. 수필의 제재는 가급적 자기 자신의 경험한 사실을 택하는 것이 가장 무난하다. 소설가는 가상을 전제로 한 미지의 이상적인 세계에 몰입하여 허구의 진실을 유추해내는 과정을 거친다.

이때의 진실은 사실적이고 실질적인 인간의 삶 자체가 아닌 여과되고 가공된 인간 삶의 진실이라는 것이다. 그러나 수필에서는 사실적이고 실질적인 진솔한 삶의 체험이 '시간의 관조, 나의 해명'이라는 제목으로 육화되어 서정성으로 승화되어 감동을 준다. 수필은 생활의 텃밭이 아니면 자랄 수 없는 식물이다. 미국의 윌리엄 테너는 〈essay and essay writing〉에서 글감 25개를 제시했는데, 전부 인간 생활에 바탕을 둔 경험적 사실이었다. 최고의 수필감은 체험이다. 글감과 주제가 잘 어울려 만남으로써 아주 좋은 작품을 빚어내었다. 9권의 시집을 낸 중견 시인으로, 2권의 수필집을 낸 수필가로 종횡무진 활약하면서 부산문인협회 발간의 〈문학도시〉 주간뿐만 아니라 대학 강의도 맡아 하는 등 편집자로서 또 학자로서 큰일을 묵묵히 잘해내고 있다.

그녀는 막내의 초등 6학년 때 학부모로서 백일장에 참가하여 장원을 했던 것도 따지고 보면, 자신이 초등학교 6학년 때 작문 시간에 글짓기를 잘해서 칭찬을 받았고, 또 6학년 때 한산대첩 백일장에 나가 차하 상을 받은 연유로 보인다. 이런 경험이 아마도 자신감으로 발전하여 초중고 어머니 백일장에 나가게 된 계기를 만들어주었고, 여기서 산문 〈꽃길을 걸으며〉가 장원에 당선되는 기쁨을 맛보고, 우연히 이해인 수녀의 〈설거지〉란 글을 읽고 감동을 받아, 그녀 역시 2년 후 등단의 문을 두드리고, 등단 후 2년 뒤 첫 시집 〈밤에 쓰는 시〉를 펴낸다.

박미정 수필의 쾌미는 체험의 진솔성에도 있지만 무엇보다도 향기를 주는 것은 겸손에서 묻어나오는 반성적 성찰이다. 그녀는 경험을 이야기해 나가면서도, 성과나 자랑으로 연결될 조짐이 보이는 부분에서 성찰의 문장을 배치한다는 점이다. "시학 9장에, 시인이 해야 하는 일은 실제로 일어난 일이 아니라, 일어날지도 모르는 일, 다시 말해서 일어날 법하거나 일어날 수밖에 없는, (우리 삶처럼) 가능한 일 같은 것을 그리는 데 있다." 이 말을 수긍하면서도 탐색으로만 이륙하고 마는 것에 절망하기도 한다거나 "철학자 마틴 하이데거는 '언어는 존재의 집이다'라고 말하였다. 내가 규정을 짓는 언어지만, 달리 언어가 나를 규정짓기도 한다는 것을 생각하면 여간 조심스럽지 않다. 언어가 나를 지켜보는 듯 무거운 짐이 될 때, 시를 짓는 일을 멈추고 나의 시간을, 징검다리를 놓아주는 수필을 읽게 된다."는 식이다.

> 종강한 후 날 받은 산책 날인데 너무 춥다. 발걸음을 빨리 집으로 되돌렸다. 그나마 어깨에 내려온 까칠한 햇살을 떨어뜨리지 않은 것만으로 만족하고 베란다로 나갔다. 바깥과 온도가 다른 탓에 꽃 피우기를 멈추지 않는 제라늄이 나를 보고 있다.

엄청 좋은 향기는 없지만 피고 지는 일을 게을리하지 않는 일에 집중해서 내가 좋아하는 꽃이다. 오늘 보니 제라늄도 적응과 도전을 하고 있는 것 같다. 꽃빛깔이 의외로 좋다 싶을 때도 있었고, 그와 반대로 펴지다 사르르 끊어졌을 때도 있었다. 그냥 예사로 보고 넘겼지만 이제는 꽃 피는 소리에 귀를 기울여야겠다.

영문도 모르게 우울해질 때, 제라늄이 피우는 꽃을 보면 그 우울함을 잊을 수 있다. 꽃대 하나가 수-욱 올라와 있는 것만 봐도 나도 모르게 다문 입술을 열고 말을 건넨다. 나무는 귀가 없다고 하던데, 그러나 늘 귀를 기울이면 바람이나 햇빛이나 서로 다투어 귀를 만들어 주겠지. 행운을 기다리며 한참 제라늄 잎사귀를 쓰다듬었다. 커피포트에 물이 또르르 끓는다. 원두커피를 내리며 느리게 시간을 보냈던 시절이 있었다. 그 시절을 뒤로하고 빠르게 움직이는 지금, 커피 맛의 음미보다 하루에 하는 숙제처럼 한 잔 마시는 분위기로 전환되었다. 익숙해졌다. 물 끓는점 100도씨를 천천히 기다리는 멋은 없어졌지만 헤이즐넛 향기는 배어 있다. 그리고 나의 삶에 장식이 아닌 적응과 도전이 있기에 내려놓기가 쉬워졌음을 말할 수 있어, 기다려지는 하루다.

– 〈적응과 도전〉 중에서

위의 인용 예문을 읽으면, H. 스튜어트의 “행복해지는 큰 비결은 외계의 사물을 자기에게 적응시키려고 애쓰는 것보다는 외계의 사물에 자기를 적응시키는 데 있다.”는 말이 떠오른다. 모든 생물의 성질은 지상에 있어서의 상태 및 그 살아야 할 장소에 적응해 있다고 볼 때, 우리는 적응을 잘해나가면서 환경에 도전해나가는 ‘제라늄’에서 크나큰 교훈을 얻을 수 있다. 영문도 모르게 우울해질 때, 작가는 제라늄이 꽃을 피우는 모습을 보고 우울함을 잊는다. 식물테라피에 젖어든다는 점이다. 베란다에서 커가는 제라늄은 좋은 향기는 없지만 피고 지는 일을 게을리하지 않아서 작가가 좋아하는 꽃이다. 어느 날 베란다로 가서 제라늄과 대화를 시도하고, 예사로 보았던 꽃에 관심을 가지고 보는 데 도전하고자 한다. 보통 토인비의 ‘도전과 응전’처럼, 도전을 먼저 놓고 응전을 뒤에 놓는데, 작가는 응전 대신에 적응이다. ‘도전과 응전’과 ‘적응과 도전’은 뉘앙스는 비슷하지만, 성격은 매우 다르다. 도전에 응전이 남성적이라면, 적응과 도전은 여성적이다. 제라늄은 자기를 둘러싸고 있는 환경에 묵묵히 순응해가고 고정적인 영토에서만 정착되어 있는 채 움직이지 않는다. 의식은 잠들어 있다. 그들은 의식과 판단을 통해서 행동하는 것이 아니라 외계의 자극에 조용히 순응하면서 잎 피어 가고 꽃 피우고 시들고 할 뿐이다. 박미정 박사는 꽃의 기후 적응을 통해 자기 생활의 융통성으로 승화하고 있다.

수다는 일차적으로 시간의 진화, 이차적으로 그에 알맞은 분배로 여행이 설정되었다. 코로나가 사라지는 상황을 눈앞에 두고 오대양 육대주를 옮겨 다니는 것을 쉽게 한다. 알프스를 넘는가 하면 안데스 산맥을 거침없이 오르내린다. 마치 세계지도를 보고 이야기를 하듯 보이는 세계지도에 둘은 빠진다. 그러다가 돌아오는 고향 이야기에 멈출 때가 많다.

고향은 마음의 안착이다. 서로 만나지 못해서 길어난 수다에 여러 곳을 뼁뼁 두르다가도 돌아가는 곳, 고향은 할 이야기는 많지만 말하지 않아도 되는 편안함이 있다. 수다의 채널이 안테나를 높이지 않아도 잡음이 없는 곳이 고향이다.

"언니야, 언니도 그렇지? 나도 그래"

향수의 수다에는 진화가 없어도 좋다. 옛것 그대로 더 깊이 하고 싶은 이야기들이 가슴에 수두룩하다.

— 〈진화하는 수다〉 중에서

동기간에 주고받는 수다의 진화가 베란다에서 키우는 식물성으로부터 시작해서 여행으로 다시 마지막에는 고향 이야기에서 멈춘다. 더 이상 '고향 이야기'에서 진화되지 않는다는 동기간의 하루 2회 아침저녁의 수다가 주는 메시지는 수다의 힐링이라기보다 고향이 주는 편안함이다. 작가는 고향이 주는 편안함의 정서를 전달하기 위해 수다의 화제에 '고향'을 제일 마지막에 두었다고 볼 수 있다. 수필은 일상을 소재로 해서 정서와 그를 통해 획득되는 깨달음을 유감없이 기술할 수 있는 본격문학이다. 이 수필은 수필의 이러한 고유영역과 특성을 제대로 살려 진한 향기를 품어낸다. 흔히 수필은 자신의 심적 나상이라고도 하고 독백의 문학이라고 하는데, 박미정의 수필은 진정 자조적이면서도 인생사 속 인연에서 수필적 소재로 취택하고 있는 것이 특이한 점이다. 현대는 삶에서 여유가 사라진 단절과 소외의 시대다. 이런 현실 속에서 수필을 쓴다는 것의 의미는 무엇인가. 문학이 문학만을 위한 작업에만 충실할 수 없는 시대에 살고 있는 것만은 분명한 것이다. 자기 정서의 표출이라는 자기 구원만으로 수필가의 사명을 완수했다고 볼 수 없는 것이다. 이런 차원에서 박미정 박사가 그려내는 수다의 미학은 잃어버린 순수를 되찾는 데 있다고 할 수 있다. 이 자매간의 끊어지지 않고 이어지는 줄기찬 수다에서 고향의 정을 그려내고 있다는 것이 특별하다고 하겠다.

박미정의 수필세계가 사향 그리고 인정과 식물성의 추구에 푹 빠져들고 있는 이유는 무엇보다도 견고한 인성과 강한 인연의 연대라는 인생원리가 창작과정에 원천적으로 작용한 때문이라고 하겠다. '진화하는 수다'라는 제목도 좋고, 요즘 보기 드문 자매간의 정이 펼쳐져 있고, 훈훈한 인정과 그리움의 세계는 물론 애향성이 담겨 있어 감동을 준다. 서정과 인정의 오솔길을 걷게 한다는 측면에서 유의미한 글이다. 이 수필은 여성이면 가져야 할 인간적인 자세, 그리고 고향을 떠난 출향인이면 품어야 할 가치가 어떤 것임을 엿볼 수 있게 한다는 점에서 문학적 역할을 잘 수행하고 있다고 하겠다. 수다의 진화 과정을 차분히 읽어나가다 보면, 박미정 박사는 우리 시대가 잃어버린 인정과 서성, 그리고 그리움과 순수를 수필이라는 우물에서 길어 올리고 있는 여인이라는 걸 알 수 있다. 그녀는 통영이라는 아름다운 어촌을 고향으로 둔 인생사 속에서도 성실하게 자기를 바르게 세우며 문인의 길을 걸어왔다. 누구보다도 예의 바르며 겸손한 시인이자 수필가로서의 성정이 그녀의 수필에 서정과 정감이 넘실되도록 한다고 하겠다. 잃어버린 원시의 정을 되살리는 것, 바로 인간미의 보고요, 수필의 향기라는 차원에서 이 수필의 문학적 가치가 크다고 하겠다.

그런 저런 예쁨으로 우리 집 베란다는 나의 상실을 채워주는 공간이 되었다. 그리고 평등을 공존케 하는 정신을 일깨우는 이상공간으로 확장되어 그 결과로 나의 삶을 융통성 있게 하고 있다. 참으로 작은 공간의 실체가 나의 우주를 짓고 있는 것이다.

나는 글을 쓸 때 소재가 없으면 베란다를 자주 들락거리는 버릇이 있다. 거기에서 연장된 행동으로 컴퓨터 속 빈 문서를 열고 다양한 글감을 타진한다. 썼다가 지우기를 반복하면서 이러쿵저러쿵 꾸시렁거리는 글로 채우다가 그중에서 가장 주도적인 글귀를 잡고 문패를 달아 놓는다.

가장 쓰기 좋은 현실의 정황이 베란다에 있으므로, 현실인식을 분명히 할 수 있다. 기억이든 추억이든 끄집어 내야 할 때 나의 회복이 가장 빠른 곳으로 나의 베란다는 그렇게 나를 도우고 있다. 실험의 장소로도 충분하기 이를 데 없어, 글의 성취나 미학적 완결성을 끌어올리는 곳으로도 이름하고 있다.

– 〈베란다〉 중에서

〈베란다〉는 박미정 수필집의 제목이자, 작가에게 있어 매우 중요하고 의미 있는 공간으로 설정되어 있다. 하르트만은 공간을 삼분하고 있는데, 실제 공간, 직관 공간, 이념 공간이다. 수필의 제재로서 '베란다'의 존재는 실제 공간이다. 여기서 실제공간은 우주적 자연 공간으로서 경험적 가시 공간으로 풀이될 수 있다. 이 수필에서 베란다의 공간성이 작가에게 어떻게 형상화되고 있는지 그리고 공간의 지향성이 어떻게 변모되고 있는지 살펴보는 것도 중요한 감상의 포인트다. 대체로 공간은 세 가지로 제시된다. 외적 공간, 내적 공간, 관념적 공간이다. 외적 공간이란 문자 그대로 우리의 감각적 세계가 인지하는 공간이다. 그러므로 그것은 실제의 공간이라고 말할 수 있다. 내적 공간이란 시인에 의하여 주관화된 공간 그리하여 작가의 내면 의식에 의하여 다시 창조된 공간이다. 그것은 현실에는 없고 오직 인간의 의식에만 있는 정신적 공간이라고 말할 수 있다. 관념적 공간이란 실제로는 있을 수 없고 다만 신념을 통해 가상할 수 있는 혹은 소원 성취의 대상으로 설정된 그러한 공간을 의미한다. 그것은 감각적 세계를 벗어나 있다는 점에서 외적 공간과 구분되며 인간 의식을 초월해 있다는 점에서 내적 공간과 다르다. 이 베란다란 외적 공간은 수필가에게 있어서 치유 공간으로, 베란다는 '상실을 채워주는 공간', '평등 정신을 일깨우는 이상 공간' '융통성을 주는 공간' '자신의 우주를 만드는 공간' '글감을 채워주는 공간' 작가에게 '성취, 회복, 완성의 공간'을 제공해 준다.

그러한 의미에서 박미정의 〈베란다〉가 수필집의 제목으로 설정되었다는 것은 여러 가지로 시사해 주는 바가 크다. 이는 문학과 자연의 반영 관계라는 측면에서 그렇다. 이 수필의 베란다는 바로 상실을 복원해주는 치유의 통로로서의 공간이었기 때문이다. 박미정 수필은 우리가 살아왔던 시간들 중에서 극복의 역사가 서려 있던 시공에 뿌리를 내리고 있다. 작가는 베란다에 인간사를 투영하고, 자신의 삶까지도 포갠다. 그렇게 해서 자신의 체취를 드러낸다. '베란다는 나의 상실을 채워주는 공간이 되었다'는 진술에서 짐작할 수 있듯이 '베란다'는 삶을 바라볼 수 있는 좋은 단초를 제공해준다. 자신의 부족한 부분을 의식의 세계로 이끌고 나와서 자신의 인격으로 통합하는 것이 인격의 폭을 넓히고, 의식의 시야를 확대할 수 있는 것이다. 이것은 자기 성찰의 바람직한 방법으로 수필에서 추구해야 할 목표인 것이다. 햇볕이 나도 그림자를 지울 수 없듯이 그림자도 우리 자아의식의 중요한 반려자가 되어 있다. 베란다 공간을 통해 작가는 삶 앞에서 작아지는 자신을 발견한다. '나는 글을 쓸 때 소재가 없으면 베란다를 자주 들락거리는 버릇이 있다.'고 말하는 작가는 베란다 공간을 통해 자신의 내면을 볼 수 있었기 때문이다. 그러므로 베란다는 자기 존재를 스스로의 눈으로 응시하기 위한 수단이 된다. 이 수필은 자기 응시의 경로를 통해 문학적 향취를 풍긴다고 하겠다.

Ⅲ

문학은 예술이기에 '품격'과 '언격'을 요한다. 창작에 있어서 정해진 어떤 법이라는 것을 굳이 말한다면, 그것은 메시지를 어떤 방법에 의해 미적으로 구체화할 것인가 하는 의미의 조형화다. 한자 '말씀 언言 자'를 90도로 누이면 마음 심과 입 구 자로 구성됨을 알 수 있다. 바로 두고 보면 머리 두, 두 이, 입 구로 구성되어, 머리로 두 번 생각하고 입으로 말하는 언어라고 해석할 수 있다. 문학은 형상과 인식의 복합체라는 측면에서 문학성을 유지해야 한다. 박미정 수필의 '품격'은 〈힘의 균형〉에서 드러난 바와 같이, 늘 힘의 균형을 맞추려고 노력하며, 순수를 그리워하는 성정에서 찾을 수 있으며, '언격'은 진솔하게 쓴 글에서 나온다. 〈어느 봄날의 적〉이나 〈역설〉, 〈진화하는 수다〉 등에 보이는 치환의 미학에서 '언격'은 한껏 우러난다. 본론에서 다루었던 수필들뿐만 아니라 수필집에 실린 글 한 편 한 편이 문학성을 각자 독특한 방식으로 나타내고 있다. 이들 작품들은 하나같이 식물성적인 가치에 닿아 있어서 생태적 합리성과 매우 가깝다.

순수로 회귀하려는 일은 어떤 종교에 심취하는 일보다 의의가 깊고 가치 있는 일이다. 인간의 생존권이 위협당하고 생태계가 파괴되어 가고 있는 이때, 작가가 〈적응과 도전〉에서 "꽃 피는 소리에 귀를 기울여야겠다."라고 하는 자연의 발신음을 듣겠다는 자세야말로 우리에게 절실한 생태적 세계관이고 생태적 상상력이 아니겠는가. 정서녹화에 이 이상 더 좋은 것은 없다. 감동을 격조 있게 보여준 데 대해 높게 평가한다. 아무리 아름다운 꽃이라도 향기가 없으면 생명이 없는 조화나 다름없다. 꽃도 향기를 갖고 있고, 사람도 그 나름의 향기를 낸다. 수필에 있어서 문장이 매력적 요소라면, 향기는 절대적 요소다. 이 논리를 전제로 할 때, 박미정 박사는 풍성한 의식과 조용한 열정으로 우리 시대가 잃어버린 인간미를 충분하게 그리고 보름달처럼 풍성하게 수필 속에 수놓고 있는 시인이자 수필가라 하겠다. 그녀의 글은 성찰과 적응, 도전과 해명, 인연과 서정을 청량한 눈과 마음으로 그리고 있다는 점에서 우리의 눈동자와 가슴을 촉촉하게 젖게 한다고 평가할 수 있겠다.